한국인의 청교도 연구

한국인의 청교도 연구

초판 1쇄   2019년 12월 15일

발 행 인   정창균
지 은 이   안상혁
펴 낸 곳   합동신학대학원출판부
주   소   16517 수원시 영통구 광교중앙로 50 (원천동)
전   화   (031)217-0629
팩   스   (031)212-6204
홈페이지   www.hapdong.ac.kr
출판등록번호   제22-1-2호
인 쇄 처   예원프린팅 (031)902-6550
총   판   (주)기독교출판유통 (031)906-9191

ISBN   978-89-97244-66-9
값은 표지 뒷면에 있습니다

「이 도서의 국립중앙도서관 출판예정도서목록(CIP)은 서지정보유통지원시스템
홈페이지(http://seoji.nl.go.kr)와 국가자료종합목록시스템(http://www.nl.go.kr/
kolisnet)에서 이용하실 수 있습니다. (CIP제어번호 : CIP2019015946)」

한국인의
청교도
연구

안상혁

합신대학원출판부

목
차

CHAPTER 1 들어가는 말   7

CHAPTER 2 시기별 고찰   11

     1. 초기 연구: 1950-1979   11
     2. 중기: 1980-1999   14
     3. 현재: 2000-2018   24
         1) 일차 자료: 청교도 저작   24
         2) 이차 문헌   27

CHAPTER 3 국내 청교도 연구의 의의,
전망 및 제안   33

     1. 청교도 연구의 의의   33
     2. 청교도 연구의 전망과 제안   42
         1) 일차 문헌   43
         2) 이차 문헌   49

CHAPTER 4 결론   53

부록_청교도 연구 한글 자료 목록
1950-2018년   58

들어가는 말

본서는 1950년대부터 현재에 이르기까지 국내에서 이루어진 청교도 관련 주요 연구물들을 검토하고 분석한다. 그리고 한국에서의 청교도 혹은 청교주의 연구사의 대략적인 흐름과 특징을 독자들에게 요약적으로 제시한다. 또한 현재 한국 교회의 정황 속에서 청교도 연구를 수행하는 의의를 고려하며 향후의 연구방향을 제안하고자 한다. 본서에서 다룬 청교도 관련 연구물들은 크게 두 종류, 곧 한글로 번역된 청교도 저작물(일차자료)과 청교도 관련 주제를 연구한 이차문헌으로 구분된다. 이차문헌으로는 국내 학술지에 게재된 학술논문과 국내 대학의 박사논문, 그리고 단행본으로는 학술적인 저작물로 범위를 제한하였다.[1] 시기는 크게 세 기간으로 구분하였다. 1950년대에서 70년

---

1 이차문헌으로, 국내 대학의 학위논문 가운데 학사와 석사논문 그리고 어린이를

대까지의 초기 연구, 1980년대와 90년대의 성장기, 그리고 국내 청교도 연구의 전성기라고 할 수 있는 2000년대 이후부터 현재까지의 시기이다.

국내에 소개된 최초의 청교도 저작물은 존 번연(John Bunyan)의 『천로역정』(天路歷程 The Pilgrim's Progress, 1678)이라고 말할 수 있다. 1894년 (고종 31년), 캐나다 장로교회의 선교사 제임스 스카스 게일(James Scarth Gale, 1863-1937)은 『천로역정』의 제1부를 한글로 번역하여 출판하였다. 당시의 한글 제목은 『텬로력뎡』이다.[2] 『천로역정』은 이후에도 지속적으로 번역되었으며 폭넓은 독자층을 확보하였다.[3] 아쉽게도 20세기 중엽에 이르기 전에는 『천로역정』을 뒤이은 다른 청교도 저작이나 인물에 대한 주목할만한 학문적인 연구가 이루어지지 못했다. 다만 외국인 선교사들이 청교도와 관련된 몇몇 인물들을 짧은 글로 국내 기독교계에 소개하였다. 일례로, 왕길지(G. Engel)는 1925년에 "안드레, 멜벨

포함한 일반 독자층을 대상으로 집필된 경건서적은 배제하였다. 학술논문은 대부분의 경우 국내에서 한글로 작성된 논문을 선별하였다.

2 서지사항은 다음과 같다. Bunyan 著, 『텬로력졍』 긔일 譯 (원산셩회, 1894). 『천로역정』의 제2부는 릴리아스 호튼 언더우드(Lilias Horton Underwood) 선교사에 의해 1920년에 번역되었다. 『텬로력정, 데2권, 긔독도부인 려[행] 록』 Lilias Horton.(조선야소교서회, 1920).

3 본서에서 존 번연의 저작들 가운데 한국어로 번역된 작품들을 소개한 도표를 참조하라.

(Andrew Meville)의 전긔"를, 1937년에는 이눌서(W D Reynolds)가 "대학자이며 순교자인 윌늬암 틴데일씨의 약사"라는 제목의 짧은 글들을 「신학지남」에 게재하였다.[4] 외국에서 출판된 서적의 일부가 한글로 번역되어 소개되기도 했다. 일례로 1930년 영국에서 출간된 존 시어러(John Shearer)의 『과거의 부흥운동들』(*Old Time Revivals*)에서 조나단 에드워즈의 부흥운동을 다룬 장이 1934년 「신학지남」에 번역되어 게재되었다.[5] 이 외에 일제 강점기와 한국전쟁이 지속된 기간에 선교사들에 의해 수행된 연구물이나 번역물 가운데 청교도와 관련하여 주목할 만한 저작들은 발견되지 않았다. 국내 학자들에 의한 연구물이 등장하기 시작한 것은 1950년대 후반부터였다.

---

4   왕길지, "안드레 멜벨(Andrew Melville)의 전긔," 「신학지남」 7/1(1925): 49-57; 이눌서. "大學者이며 殉教者인 윌늬암 틴데일 氏의 略史," 「신학지남」 19/1(1937): 36-38.

5   John Shearer, *Old Time Revivals* (London: Pickering & Inglis, 1930); 콴 쉐일너, "요나단 에드웨드와 영국교회의 부흥," 「신학지남」 16/6(1934): 36-39.

Chapter 2

시기별 고찰

1. 초기 연구: 1950 – 1979

1950년대부터 1970년대까지는 일반 역사학계가 청교도에 대한 학문적 연구를 이끌었다. 연구자들은 주로 "청교도 혁명"을 연구주제로 삼았다. 1958년 이병길의 "청교도 혁명의 정치이론"이 발표된 이래, 홍정철과 문영상은 각각 청교도 혁명의 역사적 배경(1959)과 사회경제적 배경(1970)을, 임호수는 청교도 혁명의 성격과(1971), 의회의 역할(1977), 그리고 성과(1979)를, 나종일은 수평파의 존 릴번과 독립파를 이끈 올리버 크롬웰에 관한 연구물(1977) 등을 발표하였다.[6]

6   이병길. "청교도혁명의 정치이론."「법정학보」1(1958): 17-37; 홍종철,『청교도혁명기의 영국사회의 변혁』, (서울: 고려대, 1959); 문영상. "청교도혁명의 사회경제적 배경의 분석."「동아논총」7(1970): 25-58; 임호수. "청교도 혁명의 성격에 관한 연구." 충남대「論文集」10(1971): 51-66; "청교도혁명기 영국의회의 역할에 관한 연구."「역사와 담론」5(1977): 1-30; "청교도혁명에서

청교도 신학과 직접적으로 관련된 주제를 연구한 학자로는 이장식이 "청교도의 자연법 사상"을 1959년 「신학연구」에 발표하였고, 명신홍이 청교도 신학자요 목회자인 리처드 백스터 (Richard Baxter)를 연구하여 1960년에는 "백스터와 그의 설교", 이듬해에는 "백스터의 목회"라는 제목의 짧은 글을 「신학지남」에 게재하였다.[7] 일반 학계의 연구물에 비해 신학교에서 이루어진 연구는 아직 미미한 수준이었다.

한편 이 시기에 한국어로 새롭게 번역되어 소개된 청교도 저작들은 다음과 같다.

〈1950~1979년에 번역된 청교도 저작들〉

Alleine, Joseph (조지프 얼라인, 1634-1668)

- *An Alarm to the Unconverted*

『회개에의 경종』. 이태웅 역 (서울: 생명의말씀사, 1967).

Baxter, Richard (리처드 백스터, 1615-1691)

- *The Reformed Pastor*

『참 목자상』. 박형용 역 (서울: 생명의말씀사, 1970).

거둔 성과에 대한 연구." 「역사와 담론」 7(1979); 한용희. "청교도혁명의 당파적 분석." 논문집 2(1972): 163-178; 나종일. "John Liburne과 Oliver Cromwell." 「역사학보」 74(1977): 1-78.

7 명신홍, "백스터와 그의 설교," 「신학지남」 27/2(1960): 27-33; "백스터의 목회," 「신학지남」 28/3(1961): 5-8.

Bunyan, John (존 번연, 1628-1688)

- The Holy War

『성전』. 김영국 역 (서울: 세종문화사, 1977).[8]

- Grace Abounding to the Chief of Sinners

『죄인 중의 괴수에게 은총이 넘치다』. 김영국 역 (서울: 세종문화사, 1977).

『죄인에게 주시는 은총』. 박화목 역 (서울: 대한기독교출판사, 1979).

Henry, Matthew (매튜 헨리, 1662-1714)

- Commentary on the Whole Bible

『매튜헨리 성서주석』 45 vols. (서울: 기독교문사, 1975).

Ness, Christopher (크리스토퍼 네스, 1621-1705)

- An Antidote to Arminianism

『칼빈주의자가 본 알미니안주의』. 강귀봉 역 (서울: 생명의 말씀사, 1974).

번연의 『천로역정』은 이 시기에도 여전히 가장 인기 있는 저
술이었다.[9] 이를 배경으로 번연의 다른 작품들도 널리 소개되었
다. 한편 명신홍에 의해 소개된 백스터의 대표작 『참 목자상』과
매튜 헨리의 주석 시리즈가 번역되어 출간된 것은 일반 신자들
은 물론 특히 국내 목회자들에게 좋은 소식이었다. 아울러 일반

---

8 동일한 역자에 의해 1900년에 번역된 것을 새롭게 출간한 것이다. 존 번연, 『영
   들의 전쟁: 속 천로역정』. 김영국 역 (서울: 세종문화사, 1900).

9 1950년대 이전에 오천영에 의해 번역된 『천로역정』은 60-70년대에 지속적으
   로 출간되었고, 아홉 명의 역자들에 의해 새롭게 번역된 『천로역정』이 약 열
   한 개의 출판사에 의해 출간되었다. 자세한 서지사항에 대해서는 본서의 부록
   편을 참조하라.

신자들을 위한 경건 서적으로서 얼라인의 『회개에의 경종』과 네스의 신학적인 저서 『칼빈주의자가 본 알미니안주의』가 이른 시기부터 한국 교회에 소개된 점도 주목할 만하다.

2. 중기: 1980-1999

국내 신학자들이 청교도를 연구하여 한국교계에 본격적으로 소개하기 시작한 것은 1980년대부터이다. 80년대에 이르면 신학계에서 이루어진 연구물이 --일차자료 번역물을 포함하여-- 그 수효에 있어 역사학계의 "청교도혁명" 연구물과 대등한 위치를 점하게 되었다. 1986년 김명혁은 조나단 에드워즈의 생애와 설교를 소개하는 논문을 발표하였다. 1987년에 김선기는 번연의 『천로역정』을 연구하여 박사학위를 받았고, 유성덕은 번연의 작품 속에 나타난 흠정역 성경의 영향에 관한 연구 논문을 발표하였다.[10] 오덕교는 17세기 뉴잉글랜드의 청교도 신학자 존 코튼(John Cotton)을 연구하여 미국 웨스트민스터 신학대학원에서

---

10 김명혁, "요나단 에드워드의 생애와 설교," 「신학정론」 4/1(1986): 102-12; 김선기, "천로역정에 나타난 존 번연의 성서적 메시지," 박사학위논문 (숭실대, 1987); 유성덕, "John Bunyan의 작품에 나타난 흠정역 성경의 영향: *The Pilgrim's Progress*를 중심으로," 총신대학교 「論文集」 6(1987)

박사학위를 취득한 후 국내에 돌아와 코튼과 청교도에 관한 연구물을 1988년 이래 지속적으로 발표하였다.[11]

한편 청교도 연구서들 가운데 중요한 입문서들이 번역되거나 국내 학자들에 의해 직접 저술되었다. 외서로는 제임스 헤론(James Heron), 아서 루너(Arthur A. Rouner), 마틴 로이드 존스(Martin Lloyd-Jones), J. I. 패커(Packer), 릴랜드 라이큰(Ryland Ryken) 등이 기술한 인물 중심의 입문서들과, 17세기 뉴잉글랜드 청교도에 관한 알렌 카덴(Allen Carden)의 저서, 그리고 청교도 설교와 예배에 관한 루이스 피터(Peter Lewis)와 홀튼 데이비스(Horton Davis)의 저서들이 번역되었다.[12] 국내 학자가 저술한 청교도 연구의 입문

---

11 오덕교의 청교도 관련 주요 연구논문들로는 다음을 참조하라. "웨스트민스터 총회에서의 안소니 터크니의 역할과 대소요리문답,"「신학정론」5/2(1987): 350-61; "교회사에 나타난 예배-청교도 존 코튼을 중심으로,"「성경과 신학」6(1988):113-130; "존 코튼의 교회개혁에 대한 종말론적 해석,"「신학정론」8/1(1990): 139-179; "존 코튼의 그리스도의 천년왕국에 대한 이해,"「신학정론」9/1(1991): 141-177; "청교도와 교회개혁의 방편으로서의 설교,"「신학정론」11/2(1993): 440-462; "청교도적 관점에서 본 교회정치의 원리,"「신학정론」13/1(1995): 66-96; "뉴잉글랜드 청교도의 가정관,"「성경과 신학」24(1998): 439-479; "뉴잉글랜드 청교도의 건국이념 비교,"「성경과 신학」27(2000): 415-449; "윌리엄 퍼킨스와 설교의 기술,"「헤르메네이아 투데이」20(2002): 50-57; "청교도의 정치사상,"「신학정론」21/1(2003); 199-225.

12 제임스 헤론, 『청교도역사』(원제, A Short History of Puritanism) 박영효 역 (서울: 기독교문서선교회, 1982); 아서 루너, 『청교도의 후예: 그들의 발자취와 회중사상』(원제: The Congregational way of life (1960) 유성렬 역 (서울: 들소리, 1983); 마틴 로이드 존스, 『청교도신앙: 그 기원과 계승자들』(원제: Puritans : Their Origins and Successors) 서문강 역 (서울: 생명의말씀사, 1990); J. I. 패커, 『청교도 사상: 하나님의 영적거인들: 박스터, 오웬, 십스』 박영호 역

서로는 원종천의 『칼빈과 청교도 영성』(1994)과 정준기의 『청교
도 인물사: 현대인을 위한 청교도 연구』(1996)가 있다.

1990년대에 들어서면서부터 청교도 연구는 몇 가지 중요한
신학적인 주제들을 국내 학계에 소개했다. 일례로, 임희완(1990)
과 원종천(1998), 그리고 김중락(1999) 등은 청교도의 계약사상
혹은 언약신학을, 이한상(1997)은 신론과 하나님의 주권신학을,
배본철(1997)은 청교도의 성령론과 성화론을, 이은선(1992)은 청
교도의 소명론을 소개하는 저서나 논문들을 발표하였다.[13]

한편 일차 자료에 해당하는 청교도 저작물에 있어서, 기존에
소개되었던 주요 인물들--번연, 에드워즈, 백스터, 얼라인, 코

(원제: *Among God's Giants*) (서울: CLC, 1992); 리랜드 라이큰, 『청교도: 이
세상의 성자들』(원제: *Worldly Saints*) 김성웅 역(서울: 생명의말씀사, 1996);
알렌 카덴, 『청교도정신: 17세기 미국 청교도들의 신앙과 생활』(원제: *Puritan
Christianity in America*) 박영호 역 (서울:CLC, 1993); 루이스 피터, 『청교도
목회와 설교』(원제: *The Genius of Puritanism*)서창원 역 (서울:청교도신앙사,
1991); 홀톤 데이비스, 『청교도 예배: 1629-1730』(원제: *The Worship of En-
glish Puritans*) 김석한 역 (서울: CLC, 1999).

13　임희완, "영국 청교주의의 계약사상,"「교육논총」 14 (1990).: 61-75; idem,
"영국 계약사상의 기원과 성격." 건국대 「학술지」 39/1(1995): 155-175; 원
종천, "16세기 영국 청교도 언약사상 형성의 역사적 배경,"「ACTS 신학과 선
교」 2(1998): 109-143; idem, 『청교도 언약사상: 개혁운동의 힘』(서울: 대한
기독교서회, 1998); 김중락, "Samuel Rutherford와 국민계약사상"「전북사학」
21-22(1995): 563-578; 배본철, "성령의 성화 사역에 대한 청교도적 이해,"
「성결신학연구」 2(1997): 101-114; 이한상, "스티븐 차르녹의 신적 전능과
주권에 대한 이해,"「한국개혁신학」 27(1997): 289-324; 이은선, "루터, 칼빈,
그리고 청교도의 소명사상," 대신대학 「논문집」 12(1992): 395-419.

튼, 헨리, 네스 등--이외에도 번역서나 연구 논문 등을 통해 새로운 청교도 신학자들의 저작들이 국내에 소개되었다. 1980-90년대에 일차자료를 통해 국내의 독자들에게 새롭게 소개된 청교도 신학자들은 다음과 같다. 윌리엄 에임스, 사무엘 볼턴, 토마스 브룩스, 제레마이어 버로스, 존 플라벨, 윌리엄 거널, 윌리엄 거스리, 벤자민 키치, 토머스 맨턴, 존 오웬, 토머스 빈센트, 토머스 왓슨 등이다. 이들의 주요 저작들 가운데 한 가지 이상이 한글로 번역되었다. 1980-90년대에 국내에서 새롭게 번역된 주요 청교도 저작물은 다음과 같다.

〈1980~1999년에 번역된 청교도 저작들〉

Ames, William (윌리엄 에임스, 1576-1633)

- *The Marrow of Theology.*

『신학의 정수』. 서원모 역 (서울: 크리스챤다이제스트, 1992)

Baxter, Richard (리처드 백스터, 1615-1691)

- *The Saint's Everlasting Rest.*

『성도의 영원한 안식』. 김기찬 역 (서울: 크리스챤다이제스트, 1996).

『성도의 영원한 안식』. 이기승 역 (서울: 도서출판 세복, 1997).

Bolton, Samuel (사무엘 볼턴, 1606-1654)

- *The True Bounds of Christian Freedom.*

『크리스챤의 자유의 한계』. 박우석 역 (서울: 생명의말씀사, 1984).

『자유 자유 자유』. 박영옥 역 (서울: 목회자료사, 1992).

Brooks, Thomas (토마스 브룩스, 1608-1680)

- *Precious Remedies Against Satan's Devices.*

『사단의 공격을 이기는 대적 방법』. 정중은 역 (서울: 나침반사, 1989).

Bunyan, John (존 번연, 1628-1688)

- *Saved by Grace.*

『은혜로 구원하라』. 이경옥 역 (서울: 생명의말씀사, 1982).

- *How to Pray in Spirit.*

『존 번연의 기도』. 정진환 역 (서울: 생명의말씀사, 1992).

- *The Heavenly Footman.*

『하늘가는 마부』. 문정일 역 (서울: 도서출판 세복, 1997).

- *An Acceptable Sacrifice or the Excellency of a Broken Heart.*

『상한 심령으로 서라』. 이태복 역 (서울: 지평서원, 1999).

Burroughs, Jeremiah (제레마이어 버로스, c.1600-1646)

- *Learning To Be Content.*

『쉽게 이해될 수 없는 그리스도인의 자족, 그 진정한 의미는
무엇인가?』. 정중은 역 (서울: 나침반, 1990).

Edwards, Jonathan (조나단 에드워즈, 1703-1758)

- *Freedom of the Will.*

『의지의 자유』. 채재의 역(서울: 예일문화사, 1987).

- *The Religious Affection.*

『신앙과 정서』. 서문강 역 (서울: 지평서원, 1994).

- *Resolutions.*

『성도다운 학자의 결단』. 홍순우 역 (서울: 도서출판 세복, 1997).

- *A Faithful Narrative of the Surprising Work of God.*

『놀라운 회심이야기』. 정부흥 역 (서울: 기독교문서선교회, 1997).

- *The Distinguishing Marks of a Work of the Spirit of God.*

『부흥을 원하면 고정관념을 버려라』. 배용준 역 (서울: 나침반, 1998).

- *Jonathan Edwards on Knowing Christ.*

『그리스도를 아는 지식』. 서문강 역 (서울: 지평서원, 1998).

- *Sinners in the Hands of an Angry God.*

『진노한 하나님의 손에 붙들린 죄인들』. 안보헌 역(서울: 생명의말씀사, 1998).

- *Charity and Its Fruits.*

『사랑과 그 열매: 고린도전서 13장 강해』. 서문강 역 (서울: 청교도신앙사, 1999).

Flavel, John (존 플라벨, 1628-1691)

- *The Mystery of Providence.*

『섭리의 신비』. 구본규 역 (대구: 양문출판사, 1987).

- *Saint Indeed.*

『마음: 참된 성도의 마음』. 이태복 역 (서울: 지평서원, 1999).

Gurnal, William (윌리엄 거널, 1616-1679)

- *The Christian in Complete Amour.*

『그리스도인의 전신갑주』. 임금선 역, 4 vols. (서울: 예찬사, 1991).

Guthrie, William (윌리엄 거스리, 1620-1665)

- *The Roots of True Faith.*

『당신은 참된 신자입니까 아니면 거짓 신자입니까』. 류익태 역
(서울: 나침반사, 1998).

Keach, Benjamin (벤자민 키치, 1640-1704)

- *Preaching from the Types and Metaphors of the Bible.*

『성경 은유 영해』. 김경선, 5 vols. (서울: 여운사, 1987).

Manton, Thomas (토머스 맨턴, 1620-1677)

- *A Practical Commentary: James.*

『야고보서』. 이길상 역 (서울: 아가페출판사, 1988).

- *Temptation of Christ.*

『시험 당하신 그리스도』. 김태곤 역 (서울: 생명의말씀사, 1998).

Owen, John (존 오웬, 1616-1683)

- *An Exposition of the Epistle to the Hebrews* (Abridged).

『히브리서 주석』. 축약본, 지상우 역 (서울: 생명의말씀사, 1986).

- *The Glory of Christ.*

『주님 영광에 대한 묵상이 신자에게 주는 유익』. 조주석 역 요약본
(서울: 나침반, 1988).

『그리스도의 영광』. 서문강 역 (서울: 지평서원, 1996).

- *Sin and Temptation.*

『죄와 유혹』. 엄성옥 역 (서울: 은성, 1991).

- *Communion with God.*

『성도와 하나님과의 교제』. 황을호 역 (서울: 생명의말씀사, 1994).

- *Spiritual Mindedness.*

『영적 사고 방식』. 서문강 역 (서울: 청교도신앙사, 1997).

- *Apostasy from the Gospel.*

『왜 그들은 복음을 배반하는가』. 안보헌 역 (서울: 생명의말씀사, 1997).

Vincent, Thomas (토머스 빈센트, 1634-1678)

- *The Shorter Catechism Explained from Scripture.*

『성경 소요리문답 해설』. 홍병창 (서울: 여수룬, 1998).

Watson, Thomas (토머스 왓슨, c.1620-1686)

- *A Body of Divinity.*

『설교로 엮은 소요리문답 강해』. 서춘웅 역 (서울: 세종문화사, 1982).

『신학의 체계』. 이훈영 역 (서울: 크리스챤다이제스트, 1996).

- *The Ten Commandments.*

『십계명』. 김기홍 역 (서울: 양문출판사, 1982).

『십계명 해설』. 이기양 역 (서울: 기독교문서선교회, 1984).

- *The Lord's Prayer.*

『주기도문 해설』. 이기양 역 (서울: 기독교문서선교회, 1989).

- *The Beatitudes: An Exposition of Matthew 5:1-12.*

『팔복해설: 마태복음 5:1-12해설』. 라형택 역 (서울: 기독교문서선교회, 1990).

- *Doctrine of Repentance.*

『회개』. 이기양 역 (서울: 기독교문서선교회, 1991).

- *All Things for Good.*

『고난의 현실과 하나님의 섭리』. 목회자료사 역 (서울: 목회자료사, 1991).

- *The Godly Man's Picture.*

『경건을 열망하라』. 생명의말씀사 편집부 역 (서울: 생명의말씀사, 1999).

1980-90년대 국내에 소개된 상기한 청교도 저작물과 관련하여 몇 가지 주목할 만한 특징들이 나타났다. 첫째, 청교도 저작자들 가운데 몇몇 인기 있는 작가들이 뚜렷하게 부각되었다. 이른 시기부터 국내에 소개된 존 번연과 리처드 백스터와 더불어 조나단 에드워즈, 존 오웬, 그리고 토마스 왓슨의 저서들이 전체

번역서의 약 60% 이상을 차지했다. 이들의 저작들은 이후 시기에도 국내 독자들에 의해 가장 즐겨 읽히게 되었다.

둘째, 청교도 저작자 한 사람에 대한 연구가 다각도에서 이루어질 수 있게 되었다. 번연의 경우, 초기에는 『천로역정』이 그의 신학과 사상을 이해하는 거의 유일한 창구역할을 했다.[14] 이에 비해 1980-90년대에는 한 인물의 여러 작품들도 번역되면서 독자로 하여금 저작자에 대한 이해의 폭을 더욱 넓혀 주었다. 오웬의 경우, 축약본의 형태로 소개된 『히브리서』이외에도 『주님의 영광』, 『죄와 유혹』, 『영적 사고방식』, 『성도와 하나님과의 교제』, 『왜 그들은 복음을 배반하는가?』등의 저서들이 이 시기에 출간되었다. 왓슨의 경우도 1980년대 초에 소개된 소요리 문답과 십계명에 관한 두 권의 저작들 이외에 다섯 권의 저작들이 번역되어 출판되었다.[15]

---

14 1980-90년대에도 『천로역정』은 여전히 가장 폭넓게 읽히는 저작이었다. 거의 매년 새로운 번역자에 의해 신간이 출간될 정도였다. 부록의 "청교도 일차 자료: 국내 번역서 1950-2018"에서 존 번연 항목을 참고하라.

15 1980년대에 번역된 왓슨의 저서는 다음과 같다. 『설교로 엮은 소요리문답 강해』, 서춘웅 역 (서울: 세종문화사, 1982); 『십계명』, 김기홍 역(서울: 양문출판사, 1982); 『주기도문 해설』, 이기양 역 (서울: 기독교문서선교회, 1989). 1990년대에 번역되어 출판된 저서는 다음과 같다. 『팔복해설: 마태복음 5:1-12해설』, 라형택 역 (서울: 기독교문서선교회, 1990); 『회개』, 이기양. 역 (서울: 기독교문서선교회, 1991); 『고난의 현실과 하나님의 섭리』, 목회자료사 번역(서울: 목회자료사, 1991); 『모든 것이 협력하여 선을 이룬다』. 김기찬 역 (서울: 생명의말씀사, 1997); 『경건을 열망하라』. 생명의말씀사 편집부 역(서울: 생명의말씀사, 1999).

셋째, 청교도 저작의 장르에 있어서 그 범위가 확대되었다. 『천로역정』과 같은 문학작품의 성격을 갖는 경건 서적 이외에도, 성경주해, 설교, 신앙교육서, 신학적 저술 등이 번역되었다. 특히 에임즈의 『신학의 정수』나 에드워즈의 『의지의 자유』는 신학도에게, 빈센트의 『성경 소요리문답 해설』과 왓슨의 『설교로 엮은 소요리문답 강해』 등은 목회자들이 활용할 수 있는 교회교육의 좋은 참고서가 되었다.

한편 같은 시기에 일반 학계에서의 청교도 연구도 지속되었다. 1980년대에 이르러 역사학계에서는 임희완이 『청교도 혁명의 종교적 급진사상: 윈스탄리를 중심으로』(1985)를 저술하였고, G.E에일머(Aylmer)의 『청교도 혁명에서 명예 혁명까지』(1986)를 번역하여 출간하였다. 영문학계에서는 김재수가 나다나엘 호손(Nathaniel Hawthorne)의 『주홍글씨』(The Scarlet Letter)를 통해 투영된 청교주의를 연구하여 박사학위를 취득하였다.[16] 전준수와 김정근은 조나단 에드워즈의 저작들을 문학적으로 분석하는 논문들을 영어로 작성하여 국내에 소개하였다.[17]

---

16   이재수, "주홍글씨에 나타난 청교주의를 통해 본 죄의 연구." Ph.D.논문 (숭실대, 1981).

17   전준수, "A Study of Jonathan Edwards," 우석대 「論文集」 5(1983): 111-127. 전순수는 문예비평을 넘어서 에드워즈의 청교주의적 신학과 특징을 논하였다; idem, "The Artistry of Jonathan Edwards's Literature," 우석대 「論文集」 7(1985):51-69; 김정건, "Jonathan Edwards: The Mind's Role and Sense of

3. 현재: 2000-2018

2000년대에 이르러 국내의 청교도 연구는 전성기를 맞기 시작했다. 2000년 이후에 한글로 번역되어 출간된 청교도 저작과 청교도 관련 국내 학술 논문과 단행본 그리고 국내 박사학위 논문의 수효가 약 1950년부터 2000년까지의 50년 동안의 출판물보다 각각 두 배, 세 배, 네 배, 그리고 여섯 배 이상에 해당할 정도이다. 일차 자료와 이차 문헌 연구에서 모두 주목할 만한 변화가 일어났다.

1) 일차 자료: 청교도 저작

첫째, 1990년대 말부터 청교도 저작들을 중점적으로 번역하여 출간하는 몇몇 출판사의 역할이 부각되기 시작했다. 해외 영어권의 경우 1950년대 후반부터 "진리의 깃발"(The Banner of Truth) 출판사가 청교도 작품을 널리 보급하는 역할을 주도했다. 국내의 경우, 2000년 이전까지는 주로 "생명의 말씀사," "기독교 문서 선교회(CLC)," "지평서원" 등이 청교도 저작들을 번역하

Beauty," 동국대 「論文集」 27(1988): 85-103.

여 출간하였다. 2000년대부터는 개혁주의와 청교도 서적을 전문적으로 출판하는 "부흥과 개혁사"와 "청교도 신앙사"의 역할이 두드러지기 시작했다.

둘째, 일차 자료와 관련하여, 질과 양에 있어 청교도 원전에 보다 충실한 저작들이 점차 많이 출간되기 시작했다. 상대적으로 축약본의 형태보다 원전을 완역하여 출간하는 비율이 점차 늘어났다. 이미 국내에 소개된 청교도 저작자의 경우, 아직 알려지지 않은 다른 작품들이 새롭게 번역되어 출간되었다. 또한 지금까지 소개되지 않았던 다수의 청교도 인물들이 새롭게 소개되었다. 2000년 이후 한글로 번역된 일차자료를 통해 알려진 청교도 신학자들은 다음과 같다. 아이작 암브로스(Isaac Ambrose), 윌리엄 베이츠(William Bates), 루이스 베일리(Lewis Bayley), 사무엘 볼턴(Samuel Bolton), 토머스 보스톤(Thomas Boston), 윌리엄 브리지(William Bridge), 토머스 카트라이트(Thomas Cartwright), 스티븐 차르녹(Stephen Charnock), 데이비드 딕슨(David Dickson), 토머스 두리틀(Thomas Doolittle), 존 엘리엇(John Eliot), 토머스 굿윈(Thomas Goodwin), 제임스 제인웨어(James Janeway), 야코부스 쿨만(Jacobus Koelman), 사무엘 리(Samuel Lee), 크리스토퍼 러브(Christopher Love), 월터 마셜(Walter Marshall), 코튼 매더(Cotton Mather), 매튜 미드(Matthew Mead), 윌리엄 퍼킨스(William Perkins), 헨리 스쿠걸

(Henry Scougal), 오바디야 세지윅(Obadiah Sedgwick), 리처드 십스
(Richard Sibbes), 리처드 스틸(Richard Steele), 솔로몬 스토다드(Solo-
mon Stoddard), 장 타펭(Jean Taffin), 나다나엘 빈센트(Nathaniel Vin-
cent), 빌렘 텔링크(Wilem Teelinck), 히스베르투스 푸치우스(Gisber-
tus, Voetius) 등이다.[18]

셋째, 청교도 신학자 한 명을 선정하여 그의 전집을 출간하는
계획이 새롭게 시도되었다. 청교도 신학자가 저술한 성경 주석
의 경우는, 이미 1975년에 매튜 헨리의 성경 주석이 전집 형태
로 출간 되었다. 또한 2015년에 매튜 풀의 주석 시리즈 가운데
신약 주석이 총 8권의 분량으로 먼저 출간되었다.[19] 그러나 주석
이외의 청교도 저작이 전집 형태로 출간되기 시작한 것은 2005
년에 이르러서였다. "부흥과 개혁사"는 2005년부터 현재까지
조나단 에드워즈의 전집을[20], 2009년부터는 존 오웬의 전집을

---

18 이들의 저작들은 부록 "청교도 일차자료: 국내 번역서"의 해당 시기를 참조
    하라.

19 매튜 헨리, 『매튜헨리 성서주석』. 45 vols (서울: 기독교문사, 1975). 최근 크
    리스챤다이제스트에서 총21권으로 출간하였다. 매튜 헨리, 『매튜헨리주석』.
    원광연, 21 vols. (서울: 크리스챤다이제스트, 2015); 매튜 풀, 『매튜 풀: 청교
    도 성경주석』. 박문재, 8 vols. [신약: 14-21] (서울: 크리스챤다이제스트,
    2015)

20 2015년부터 2018년 10월 현재까지 부흥과개혁사에 의해 총 다섯 권이 출간
    되었다. 전집의 순서를 따르면 다음과 같다. 조나단 에드워즈, 『신앙감정론』.
    정성욱 역. 제1권 (2005); 『의지의 자유』. 김찬영 역, 제2권 (2016); 『구속사』.
    김귀탁 역, 제3권 (2007); 『원죄론』. 김찬영 역, 제4권 (2016); 『부흥론』. 양

출간하는 프로젝트를 진행 중에 있다.[21] 아쉽게도 에드워즈와 오
웬을 제외한 다른 신학자들의 전집은 국내에서 아직 시도되지
않고 있다. 19세기 이래 영어권에서 출판된 청교도 신학자들의
전집들의 규모와 비교할 때, 국내의 상황은 매우 초보적인 단계
라고 말할 수 있다.

2) 이차 문헌

첫째, 국내 학자들에 의한 연구물의 분량이 눈에 띄게 증가했
다. 2000년부터 2018년까지 출간된 이차 연구 문헌이 그 이전
의 연구물을 모두 합친 것보다 세 배 이상이다. 국내학자에 의해
직접 수행된 연구물과 번역서--일차 및 이차 문헌을 포함하
여--사이의 비율도 변화되었다. 2000년 이전에는 청교도 관련
연구물 가운데 번역물의 비율이 국내 학자의 연구물보다 더욱
높았으나, 2000년 이후부터는 후자가 전자를 훨씬 앞지르게 되

낙홍 역, 제7권 (2005)

21 "부흥과개혁사"는 2009년부터 2018년 10월 현재까지 존 오웬 전집 시리즈
가운데 총 여섯 권을 출간하였다. 존 오웬, 『신자 안에 내재하는 죄』. 김귀탁
역. 제1권 (2009);『시험』. 김귀탁 역, 제2권 (2010);『죄 죽임』. 김귀탁 역, 제
3권 (2009);『죄와 은혜의 지배』. 이한상 역, 제4권 (2011); 『죄 용서: 시편
130편 강해』. 박홍규 역 제5권 (2015);『배교의 본질과 원인』. 박홍규 역, 제6
권 (2018).

었다.

둘째, 2000년 이후에 청교도 연구를 위한 보다 전문적인 입문서들이 출간되었다. 해외 학자들에 의해 저술된 책을 번역한 것과 국내 학자들에 의해 저술된 연구물들 가운데 주목할 만한 저작들은 다음과 같다.

〈2000년 이후 번역 혹은 저술된 청교도 저작들〉

김홍만. 『청교도 열전』. 서울: 솔로몬, 2009.

서요한. 『청교도 유산: 그들의 역사와 신학적 이상』. 서울: 그리심, 2016.

서창원. 『청교도 신학과 신앙』. 서울: 지평서원, 2013.

오덕교. 『청교도 이야기: 교회사를 빛낸 영적 거장들의 발자취』. 서울: 이레서원, 2001.

이은선. 『청교도 입문』. 서울: 지민, 2014.

에롤 헐스. 『청교도들은 누구인가?』 [Errol Hulse, *Who are the Puritans?*]. 이중수 역. 서울: 양무리서원, 2001.

에드워드 힌슨. 『청교도 신학』 [Edward Hindson, *Introduction to Puritan Theology*]. 박영호 역. 서울: CLC, 2002.

켈리 카픽 & 랜들 글리슨 편. 『청교도 고전으로의 초대』 [Kelly M. Kapic and Randall C. Gleason, *The Devoted Life*]. 김귀탁 역. 서울: 부흥과개혁사, 2009.

조엘 비키. 『개혁주의 청교도 영성』 [Joel Beeke, *Puritan Reformed Spirituality*]. 김귀탁 역. 서울: 부흥과개혁사, 2009.

조엘 비키 & 랜들 패더슨. 『청교도를 만나다』 [Joel Beeke & Randall J. Pederson, *Meet the Puritans*]. 이상웅, 이한상 역. 서울: 부흥과개혁사, 2010.

조엘 비키 & 마크 존스. 『청교도신학의 모든 것: 삶을 위한 교리』 [Joel R. Beeke & Mark Jones, *A Puritan Theology: Doctrine for Life*]. 김귀탁 역. 서울: 부흥과개혁사, 2015.

상기한 저작들 가운데 현재 가장 널리 활용되는 청교도 입문서의 대표작은 비키와 패더슨의 『청교도를 만나다』이다. 이 책은 약 150여 명의 청교도의 생애를 개관하고 1950년대부터 2006년에 이르기까지 영미권에서 현대 독자들을 위해 재출간된 약 700여 편의 청교도 저작들을 소개한다. 국내에서는 2009년에 출간된 김홍만의 『청교도 열전』이 비키와 패더슨의 『청교도를 만나다』에 상응하는 역할을 감당해 왔다. 비키와 패더슨 그리고 김홍만의 저서가 인물 중심의 두꺼운 입문서라면, 켈리 카픽과 랜들 글리슨이 편집한 『청교도 고전으로의 초대』는 청교도 저작 중심의 보다 적은 분량의 입문서라고 할 수 있다. 이 책은 열여덟 명의 청교도 신학자를 선정하고 각 인물의 대표적인 저술 하나씩을 선별하여 그 내용을 요약적으로 소개한다. 국내 학자로는 이은선이 인물과 저작을 통합하여 소개하는 방식으로 입문서를 저술하였다. 그는 『청교도 입문』에서 열세 명의 청교도 신학자를 선별하고 각 신학자가 저술한 3-4개의 대표작들을 요약적으로 소개한다.

조직신학적인 주제를 중심으로 저술된 청교도 신학의 입문서로는 비키와 존스의 『청교도신학의 모든 것: 삶을 위한 교리』가 대표적이다. 일 천 페이지가 넘는 이 책은 모두 여덟 개의 조직신학적 주제들--서론, 신론, 인간론과 언약신학, 기독론, 구원론, 교회론, 종말론, 실천신학 등--을 따라 구분되어 있다. 각 신학적 주제 안에서 저자들은 가장 중요하거나 혹은 흥미로운 논쟁거리를 제공한 주요 청교도 인물이나 저작을 자세하게 다룬다. 일례로, 신론에 속한 아홉 개의 장들 가운데 한 장은 퍼킨스의 예정교리를, 인간론과 언약신학에 속한 일곱 개의 장들 가운데 한 장은 오웬의 시내산 언약 교리를 중점적으로 논의한다. 국내 연구서로는 서창원의 『청교도 신학과 신앙』이 신학적이고 실천적 주제에 따라 작성된 입문서에 해당한다.

한편 청교도 운동을 역사적으로 개관하고 주요한 신학적 유산을 정리하고 평가한 국내의 청교도 입문서로는 서요한의 『청교도 유산: 그들의 역사와 신학적 이상』이 대표작이다. 서요한은 역사신학자의 시각에서 청교도 운동과 신학의 역사적 배경을 고찰하고(제1부), 청교도 신학과 목회의 몇 가지 주제들을 소개한 후(제2부), 마지막으로 청교도 운동의 역사적 교훈과 과제를 정리한다(제3부). 부록 편에서 저자는 청교도와 관련된 국내외의 주요 저작물을 소개하였다.

셋째, 2000년 이후에 출간된 청교도 관련 연구물들 가운데 특히 신학적 주제들이나 쟁점들을 심도 있게 논의한 저작들이 많아졌다. 박사논문의 경우, 1987년부터 현재까지 국내 대학에서 청교도 관련 주제로 발표된 박사학위 논문들 가운데 약 90%는 2000년 이후에 출간된 연구물이다. 국내 학술잡지에 실린 연구논문들은 다변화된 연구 주제들을 다루어왔다. 이전 시대부터 소개된 주제들, 곧 하나님 주권과 인간의 자유선택, 언약신학, 성령론, 성화론, 소명론 등에 관한 논의는 지속되어 왔다. 한편 새롭게 부각된 연구주제들이 등장했다. 일례로, 20세기 중엽부터 신학계에서 광범하게 논의된 칭의론과 관련된 연구물과[22], 16세기 종교개혁과 17세기 정통주의 시기의 연속성과 불연속성의 문제를 다룬 연구물[23], 그리고 최근에는 청교도의 교리문답

---

22 하진상, "요한 칼빈과 조나단 에드워즈의 칭의론 비교연구," 박사학위논문(백석대, 2012); 강웅산., "조나단 에드워즈의 칭의론의 방법론적 분석," 「성경과 신학」 66(2013):157-188; 박광서, "존 번연의 칭의론," 「생명과 말씀」 9(2014): 183-210; 윤종훈, "존 오웬의 칭의론에 관한 개혁주의적 고찰," 「성경과 신학」 72((2014): 227-253; 윤종훈, "리차드 박스터의 보편속죄론에 관한 고찰," 「개혁논총」 31(2014): 123-157; 박균상, "개혁주의 신학에서의 칭의 교리 연구: 마르틴 부처와 조나단 에드워즈를 중심으로," 박사학위논문(ACTS, 2017); 김효남, "성화와의 관계성 측면에서 바라본 토마스 굿윈의 칭의론," 「한국개혁신학」 58(2018): 112-150.

23 박재은, "칭의의 6중 원인에 대한 알렉산더 꼼리와 존 칼빈의 연속성, 불연속

서에 관한 연구물[24]이 출간되고 있다.

요약하자면, 2000년 이래 국내에서의 청교도 연구는 이전 시대와 비교할 때 전성기를 맞이하고 있다고 해도 과언이 아니다. 한국어로 번역된 청교도 저작들의 지평이 이전 시대에 비해 크게 확대되면서, 국내 학자들에 의해 수행되는 청교도 인물과 저작 그리고 신학적 주제들에 대한 연구 또한 다변화 되어 왔다. 이처럼 국내에서 청교도에 대한 관심이 고조되는 것은 오늘날 한국교회의 정황 속에서 청교도를 연구하는 유익과 의의가 분명히 존재하고 있음을 보여주는 것이라고 생각한다.

성, 그리고 신학적 함의," 「갱신과 부흥」 20/1(2017); 1-36; 박희석, "칼빈과 언약신학," 「총신대논총」 21(2002): 60-86; 박희석, "칼빈과 웨스트민스터신앙고백서에 나타난 언약신학"「총신대논총」 23(2003): 61-90; 안상혁, 『언약신학: 쟁점으로 읽는다』 개정증보 (수원: 영음사, 2016); 임원택, "청교도와 칼빈주의."「진리논단」 12(2006): 91-111; 한병수, "언약의 통일성: 칼빈과 러더포드 중심으로."「개혁논총」 31(2014): 79-121. 이 주제에 관한 90년대의 선행적 논의에 대해서는 다음을 보라. 원종천, 『칼빈과 청교도 영성』 (서울: 도서출판 하나, 1994).

24 김윤희, "중생의 경험에 근거한 성화: 존 오웬의 신학과 교리문답을 중심으로," 박사학위 논문 (계명대, 2017); 한유진, "웨스트민스터 표준서 이전의 청교도 교리문답신학 연구," 박사학위 논문 (백석대, 2016).

Chapter 3

국내 청교도 연구의 의의,
전망 및 제안

1. 청교도 연구의 의의

청교도는 누구인가? 그 기원을 따지자면 영국 종교개혁의 기
원만큼이나 거슬러 올라가야 할 것이다. 대다수의 연구자들은
영국 튜더 왕조에 의해 수행된 종교정책과 더불어 청교도 운동
이 시작된 것으로 설명한다. 주지하다시피 튜더 왕조의 헨리 8
세가 수장법(Acts of Supremacy, 1534)을 발표한 이후 영국의 종교개
혁은 에드워드 6세(재위, 1547-1553)의 짧은 통치와 메리 여왕(재위,
1553-1558)의 박해기, 그리고 엘리자베스 1세(재위, 1558-1603)의 중
용정책에 이르기까지 많은 부침(浮沈)을 경험하였다. 정부에 의
해 추진된 종교정책은, 영국의 개혁가들의 시각에서 보았을 때,
여전히 로마 가톨릭의 미신적 잔재를 청산하지 못한 미완의 개

혁이었다. 일례로 1559년의 공동기도서는 여전히 중백의(sur-plice) 착용, 세례 예식에서의 성호 긋기, [성례로서의 결혼을 연상케 하는] 결혼반지 등을 허락했고, 성만찬 때 무릎을 꿇는 행위가 화체설을 인정하는 것이 아님을 설명하는 "검정색 지시문"(Black Rubric, 1552년 공동기도서)을 삭제해 버렸다. 17세기 교회사가 토머스 풀러의 『브리튼의 교회 역사』(The Church-History of Britain, 1655)에 따르면, "퓨리탄(청교도)"이라는 용어가 최초로 사용된 것은 1564년이다.[25] 한편 윌리엄 할러는, 엘리자베스 1세의 종교정책을 비판하고 교정을 요구하기 위해 1572년 영국의 개혁가들이 의회에 제출한 "의회를 향한 권고문"(An Admonition to the Parliament)이 영국 청교도 운동의 주요한 기점이었다고 주장한다. "권고문"은 로마 가톨릭의 모든 잔재를 제거하고 오직 명시적으로 기록된 성경 말씀에 따라 영국 교회와 예배를 개혁할 것을 요구하였다. 그러나 엘리자베스 여왕은 이를 단호히 거절하고 그들을 비하하는 의미에서 "퓨리턴"이라고 불렀다.[26]

---

25 Thomas Fuller, *The Church-History of Britain*, 11 vols. (London, 1655), vol.9: 76. 풀러에 따르면, 당시 영국 국교회의 계서제와 예배를 반대하는 이들을 가리켜 청교도라고 불렀다.

26 William Haller, *Elizabeth I and the Puritans* (Virginia: The University Press of Virginia, 1972), 1 이런 맥락에서 역사가들은 1559년 공동기도서를 비판하고 이것에 따라 예배드리는 것을 거절하며, 성경적으로 기도서를 다시 개정할 것을 요구한 개혁가들을 가리켜 "청교도"라고 부른다. Carole Levin, *The Reign of Elizabeth I* (New York and Hampshire: Palgrave, 2002), 31. 엘리자베스 1세

정부가 주도하는 교회개혁을 보장받을 수 없게 되었을 때, 청교도 지도자들은 정부에 의존하지 않고 스스로 종교개혁의 핵심을 대중에게 설파하고자 시도했다. 이는 청교도 설교운동으로 열매 맺었다. 16세기 말, 정부의 중도노선에 실망하거나 탄압을 피해 지방 소도시로 쫓겨 간 청교도 성직자들은 성경과 종교개혁의 원리를 교구민들에게 설교를 통해 직접 가르쳤다. 정부를 통한 외면적이고 제도적인 교회개혁보다는 설교운동을 통한 내면적이고 현장에서의 삶의 개혁을 추구한 것이다. 캐롤 레빈은 청교도를 다른 개신교 운동과 차별화시키는 주요한 특징이 바로 "설교를 향한 억제할 수 없는 사랑"이라고 표현하였다.[27] 시어도어 보즈먼은 이 시기의 변화를 가리켜 "경건주의적 전환"이라고 불렀다. 경건주의 운동은 1590년대에서 시작되어 1640년대에 이르기까지 진행된 청교도 운동의 핵심적인 특징이라고 보즈먼은 주장한다.[28] 이는 청교주의의 핵심을 신학 운동

의 종교정책과 공동기도서에 대해서는 다음 글을 참조하라. Bryan D. Spinks, "From Elizabeth I to Charles II," in Charles Hefling and Cynthia Shattuck eds., *The Oxford Guide to the Book of Common Prayer* (New York: Oxford University Press, 2006), 44-55. 한편, 스코틀랜드에서 제임스 6세는 1590년대에 청교도를 비판하는 표현을 사용하였다. Elizabethanne Boran and Crwford Gribben eds., *Enforcing Reformation in Ireland and Scotland, 1550-1700* (London & New York: Routledge, 2016), 74.

27 Levin, *The Reign of Elizabeth I*, 31.

28 Theodore D. Bozeman, *The Precisianist Strain: Disciplinary Religion & Antino-*

이나 정치 운동이라기보다는 "경건과 회심 그리고 실존적인 마음 종교"에서 찾은 리처드 혹스의 주장과 일맥상통한다.[29]

청교주의 혹은 청교도 운동이 오늘날 한국 교회에게 시사하는 바는 무엇일까? 한국 교회가 청교도 연구로부터 얻을 수 있는 유익들이 많겠지만 여기서는 특히 세 가지를 지적한다.

첫째, 한국교회는 청교도 연구를 통해 종교개혁이 천명한 "오직 성경"의 원리가 예배와 설교에 어떻게 반영되었는지를 확인하고 청교도의 실험을 좋은 역사적 선례로 활용할 수 있다. 오늘날 한국의 많은 개신교회들은 스스로 종교개혁의 전통을 계승한다고 말하고, 말씀 중심의 예배를 강조하지만, 과거 청교도의 예배와 설교와 비교해 볼 때 적지 않은 차이점을 노출하고 있다. 임원택은 오늘날 한국 개신교회 안에서 설교가 예배의 중심에서 점차 밀려나면서 중세 말의 상황과 유사해진다고 지적한다.[30] 정창균은 오늘날 한국 교회 설교의 두 가지 문제점으로 "본문 이탈" 현상과 "주제의 편향성"을 지적하였다. 후자와 관련하여, 한국 교회는 주로 사랑과 긍휼의 하나님과 우리에게 복 주시기

mian Backlash in Puritanism to 1638 (Chapel Hill and London: University of North Carolina Press, 2004), 63-65

29 Richard M. Hawkes, "The Logic of Assurance in English Puritan Theology," Westminster Theological Journal 52 (1990): 247.

30 임원택, "한국교회와 청교도 설교," 「복음과 실천신학」 28(2013): 65-94.

를 원하는 하나님에 대해서는 많이 설교하지만, 공의와 심판하
시는 하나님이라는 주제는 상대적으로 기피하고 있다.[31]

주지하다시피, 청교도는 성경에 명시적으로 규정되어 있지 않
은 요소들을 찾아 제거하면서 이와 동시에 말씀 중심의 예배를
드리고자 노력했다. 또한 공 예배에서 한 두 시간씩 선포된 설교
는 본문에 대한 철저한 주해와 바른 교리, 그리고 삶의 개혁을
위한 적용을 중심으로 이루어졌다.[32] 요컨대 성경 본문에 충실한
설교였다. 오늘날 한글로 번역되는 청교도 저작의 다수가 성경
주해 설교라는 사실에 주목할 필요가 있다. 아울러 청교도 저작
의 적지 않은 내용이 죄와 회개 그리고 하나님의 거룩하심과 영
광의 주제를 다루고 있다는 사실도 흥미롭다. 일례로 한글로 번
역된 오웬의 저작들 가운데 삼분의 일 이상이 죄 문제를 중심 주
제로 다루고 있다. 오늘날 한국교회가 청교도 저작을 연구하고
청교도의 설교를 배운다면, 앞서 제기된 말씀 설교 중심의 예배,
설교의 본문이탈 현상과 주제의 편향성 등의 문제는 점차 극복
될 수 있으리라 생각한다.

둘째, 한국교회는 청교도 연구를 통해 말씀에 기초한 경건 운

---

31 정창균, "한국 교회 설교의 본문 이탈 현상과 주제의 편향성,"「헤르메네이아
투데이」 54 (2012): 67-83.

32 Leland Ryken, 『청교도: 이 세상의 성자들』, 김성웅 역 (서울: 생명의 말씀사,
1995), 240-51; 안상혁, 『언약신학: 쟁점으로 읽는다』, 279-317.

동과 삶의 개혁의 좋은 모델을 배울 수 있다. 오늘날 적지 않은 사람들이 한국교회의 위기를 지적하며, 이에 대한 해결책으로 도덕과 윤리적인 방안을 모색한다. 일례로 투명한 재정운영을 교회개혁의 주된 이슈로 삼기도 하고, 세상권력과의 유착관계를 극복하는 과제를 제시하기도 하며, 사회봉사와 윤리도덕 실천운동을 통해 사회의 공신력 혹은 신뢰도를 얻는 것을 제 일의 과제로 삼기도 한다.[33] 혹자는 한국교회의 도덕적 위기상황을 극복하기 위한 새로운 패러다임으로 새로운 "생태학적 교회"의 모델을 제시하기도 한다.[34] 이러한 대안들은 모두 기독교적 실천과 도덕성을 강조하는 공통점을 가지고 있다. 물론 오늘날 한국 교

33 김명배, "베버의 사상에 비추어 본 한국교회 재정문제와 그 윤리적 방안,"「한국 기독교 사회윤리학회」 35(2016): 99-128. 논문 초록에서 저자는 "베버의 합리적인 경영방식에 맞는 자본이용과 금욕주의적 자본주의 정신이 현재 한국교회의 재정의 불투명성 문제 해결을 위한 하나의 사회, 윤리적 방안을 제시하고자 한다"라고 말한다. 정원범, "존 하워드 요더의 관점에서 본 한국교회의 신뢰도 위기와 그 대안,"「한국기독교신학논총」 100(2016): 195-226. 변화되는 환경 속에서 생존하기 위해 저자는 "콘스탄틴적 기독교에서 탈콘스탄틴적 기독교로의 전환을 제안"한다. 강병오, "한국 개신교의 사회적 신뢰 실추 원인과 대책,"「신학과 실천」 41(2012): 61-84; "권혁률, "신뢰의 위기: 한국교회는 어떻게 극복할 것인가?"「기독교 사상」 675(2015) 212-219; 최무열, "한국교회의 위기 극복과 대사회적 신뢰성 회복방안으로서의 디아코니아 활용에 관한 소고,"「신학과 실천」 47(2015): 519-549 저자들은 사회봉사, 사회참여, 윤리도덕 실천 운동을 통해 사회적으로 한국교회에 대한 이미지를 개선하고 교회의 공신력과 신뢰도를 향상시키는 것을 한국교회가 해결해야 할 시급한 현안으로 제시한다.

34 박우영, "도덕적 성찰과 실천에 있어서 교회의 역할 연구,"「신학과 실천」 28(2011): 625-650.

회의 정황을 고려할 때, 이해할 만한 강조점이다. 그러나 위기를 극복하는 대안으로서 윤리와 실천만을 강조하는 것은 자칫 기독교를 일종의 도덕종교로 제한해 버리는 한계를 드러낼 수 있다.

사실 기독교적인 실천과 삶의 개혁이란 복음 진리와 바른 신앙의 열매로서 맺어지기 마련이다. 이를 잘 예시해주는 역사적 선례를 청교도 운동에서 발견할 수 있다. 비키와 페더슨은 『청교도를 만나다』의 "서문"에서 오늘날 우리가 청교도의 저작을 읽음을 통해 얻을 수 있는 여섯 가지의 유익을 제시하였는데, 그것은 다음과 같이 요약될 수 있다.[35]

1. 청교도는 성경에 기초한 신자의 삶을 제시한다.
2. 청교도는 교리와 실천을 이상적으로 결합시켰다.
3. 청교도는 그리스도에 집중했다.
4. 청교도는 신자가 고난과 시험을 어떻게 대처해야 하는 지를 보여주었다.
5. 청교도는 신자가 어떻게 종말론적 소망을 가지고 순례 자의 삶을 살아야 하는지 보여주었다.

---

35 조엘 비키 & 랜들 패더슨, 『청교도를 만나다』 이상웅, 이한상 역 (서울: 부흥 과개혁사, 2010), 35-42.

6. 청교도는 참된 영성이 무엇인지 보여준다.

상기한 여섯 가지의 유익은 대부분 기독교적 삶과 실천적 경건이라는 주제와 밀접히 관련이 있다. 이는 청교도의 주된 관심사에 대해 비키와 페더슨이 옳게 지적한 대로, "성경을 탐구해서 그 발견한 내용들을 대조하고 확인함을 통해 삶의 전 영역에 성경을 적용하는데 핵심"이 존재한다는 사실과 유기적으로 연결되어 있다.[36] 요컨대 청교도 운동은 위기를 직면한 한국교회를 위해서 종교개혁 전통에 충실하면서도 보다 성경적으로 건전한 개혁의 방향을 제시한다고 믿는다.

셋째, 청교도 운동은 역사적인 격동기에 급격하게 변동하는 시대의 흐름에 맞서 교회와 신자가 어떻게 처신해야할 것인지에 대해 한국 교회에 귀중한 교훈을 준다. 주지하다시피, 17세기 중엽 청교도 혁명기에 이르러 영국 교회는 커다란 변화를 경험하였다. 리처드 백스터는, 1656년에 출판된 그의 『참된 목자』에서 그가 몸소 체험하고 있는 감격적인 변화에 대해 다음과 같이 증언한다.

---

36 같은 책, 32-33쪽을 보라. 강조 표시는 필자의 것이다. 비키와 페더슨은 청교주의의 주된 관심사를 다섯 가지로 요약한다. 나머지 네 개는 다음과 같다. "삼위일체적 신학," "교회의 중요성과 의미," "대(對) 국가적 삶과 관련한 큰 질문들에게 대한 성경적인 해답," "사람의 총체적 회심" 등이다.

현재 우리 안에 있는 모든 잘못에도 불구하고, 영국은 건국 이래 오늘날과 같이 능력 있고 신실한 목회자를 소유한 적인 없었다고 저는 믿고 있습니다. 지난 12년간의 변화는 참으로 위대한 것이라고 확신합니다. 저에게 있어 이러한 변화를 바라보는 것은 분명 이 세상에서 가질 수 있는 가장 큰 기쁨들 중 하나입니다. 한 때 커다란 어둠 속에 살았던 회중들 가운데 오늘날 얼마나 많은 회중들이 분명하게 가르침을 받고 또한 얼마나 자주 그러한 교육을 받게 되었는지요! 또한 과거에 비해 한 지역 안에도 능력 있고 신실한 사람들이 얼마나 많아졌는지요![37]

백스터가 목격한 "능력 있고 신실한" 목회자들과 진리 말씀으로 잘 교육받은 회중이 큰 규모로 등장한 것은 사실상 갑작스러운 변화가 아니었다. 일찍이 16세기 후반에 시작되었고, 이후 반세기 이상 꾸준히 지속되어온 설교운동이 낳은 열매였다. 정부 주도의 교회개혁을 기대할 수 없게 되었을 때, 좌절하기보다는 한편으로는 주어진 고난을 감수하면서, 다른 한편으로는 종교개혁의 보다 본질적인 사역에 헌신했던 개혁가들이 추구했던

---

37 Richard Baxter, *Gildas Salvianus: The Reformed Pastor*(1656), in *The Practical Works of the Rev. Richard Baxter*, ed. by William Orme, vol.14 (London: James Duncan, 1830), 152.

바가 성취된 것이었다.

이러한 청교도의 성취는 오늘날 여러 가지 측면에서 도전을 받고 있는 한국 개신교회가 참고할 만한 역사적 선례를 제공한다. 선택의 기로에서 한국교회는 과연 무엇이 교회 개혁의 본질적인 것인가에 대해 청교도에게 질문할 수 있다. 이에 대해 16세기 영국의 청교도는 "설교운동"이라고 대답할 것이고, 청교도 혁명기에 살았던 백스터는 그것에 "신앙교육"을 추가할 것이다. 후자와 관련하여 백스터는 신앙교육서를 가지고 일대일 교리교육을 시키는 것이야말로, 설교와 더불어 목회자들이 반드시 수행해야할 본질적 사역이라고 주장했다.[38] 요컨대 설교 운동과 교리 교육은 결국 성경 말씀을 바르게 선포하고 체계적으로 교육하는 것이야말로 청교도 운동의 핵심이라는 사실을 증거한다.

2. 청교도 연구의 전망과 제안

국내에서의 청교도 연구는 앞으로 어떤 방향으로 진행될 것인가? 지금까지의 연구사를 돌아보며 향후의 연구방향을 전망

---

38 백스터는 『참된 목자』의 적용 부분에서 개인별 교리문답 교육의 필요성과 의무 그리고 구체적인 지침을 상술하는데 대부분의 지면을 할애한다. Baxter, *Gildas Salvianus: The Reformed Pastor*, 122ff [제4장 이하를 보라].

해보고, 지금까지 드러난 장단점을 고려하여, 일차 자료와 이차 문헌과 관련한 몇 가지 사항을 다음과 같이 제안한다.

1) 일차 문헌

첫째, 앞으로 번역서를 통해 국내에 소개되는 청교도 작가들의 범위가 더욱 확대될 것으로 전망한다. 비키와 패더슨의 『청교도를 만나다』에 소개된 약 150명 가운데 번역된 저작물을 통해 지금까지 국내에 소개된 인물은 약 50여 명이다. 나머지 백여 명의 인물들이 저술한 저작들은 아직 한 권도 한국어로 소개되지 못한 형편이다. 이들 가운데 우선적으로 국내에 소개할 만한 주요한 인물들을 시기별(영국 왕조)로 분류하여 소개하면 다음과 같다.

튜더: 1603년 이전에 출생한 인물[39]

헨리 아인스워드(Henry Ainsworth, 1569-1622)

폴 베인스(Paul Baynes, 1573-1617)

앤서니 버지스(Anthony Burgess, 1600-1664)

니콜라스 바이필드(Nicholas Byfield, 1579-1697)

존 코튼(John Cotton, 1584-1652)

존 다우네임(John Downame, 1571-1652)

리처드 그린햄(Richard Greenham, c.1535-1594)

존 라이트풋(John Lightfoot, 1602-1675)

---

39 각 인물의 대표 저작을 한두 개씩 선별하자면 다음과 같다. Henry Ainsworth, *Annotations upon the five bookes of Moses, the booke of the Psalmes, and the Song of Songs* (London: Flesher and Haviland, 1627); Paul Baynes, *A Commentarie upon the first chapter of the Epistle of Saint Paul, written to the Ephesians* (London: Thomas Snodham for Robert Mylbourne, 1618); *Entire Commentary upon the whole Epistle of the Apostle Paul to the Ephesians*(London: Flesher, 1645); Anthony Burgess, *The True Doctrine of Justification* (London: Robert White, 1648); *Spiritual Refining: or, a Treatise of Grace and Assurance* (London: A Miller, 1651); Nicholas Byfield, *The Signes or an Essay concerning the Assurance of God's Love and Man's Salvation* (London; John Beale, 1614); *An Exposition upon the Epistle to the Colossians* (London: T. Snodham, 1615); John Cotton, *The Keyes of the Kingdom of Heaven* (London, 1644); John Downame, *The Christian Warfare* (London, William Stansby, 1634); Richard Greenham, *Paramuthion, Two Treastises of the Comforting of an Afflicted Conscience* (London: Bradocke, 1598); John Lightfoot, *Horae hebraicae et Talmudicae* [*A Commentary on the New Testament from the Talmud and Hebraica*] 4 vols (Oxford: Oxford University Press, 1859)

데이비드 클락슨(David Clarkson, 1622-1686)

에드워드 피셔(Edward Fisher, fl.1627-1655)

조지 길레스피(George Gillespie, 1613-1648)

에드워드 폴힐(Edward Polhill, c.1622-1694)

토머스 쉐퍼드(Thomas Shepard, 1605-1666)

랄프 베닝(Ralph Venning, c.1622-1674)

---

40 David Clarkson, *The Practical Divinity of the Papists proved destructive to Christianity* (London, 1672); Edward Fisher, *The Marrow of Modern Divinity* (London: Leybourn, 1646): George Gillespie, *Aaron's Rod Blossoming, or the Divine Ordinance of Church-government vindicated* (London: E.G.for Richard Whittaker, 1646); Edward Polhill, *The Divine Will considered in Its Eternal Decrees and Holy Execution of Them* (London: Henry Eversden, 1673); Thomas Shepard, *The Parable of the Ten Virgins* (London: J. Hayes, 1660); Ralph Venning, *Sin: The Plague of Plagues* (London: John Hancock, 1669).

스튜어트: 찰스1세-제임스2세 통치기(1625-1685)에 출생한 인물[41]

빌헬무스 아 브라켈 (Wilhelmus à Brakel, 1635-1711)

에베니저 어스킨(Ebenezer Erskine, 1680-1754)

토머스 할리버턴(Thomas Halyburton, 1674-1712)

존 하우(John Howe, 1630-1705)

헤르만 비치우스(Herman Witsius, 1636-1708)

둘째, 일차 문헌 연구와 관련하여 탁월한 청교도 작가들의 전집을 편찬하는 작업이 수행되어야 할 것으로 판단된다. 현재 추진되고 있는 조나단 에드워즈와 존 오웬의 전집[42] 이외에도 다음

41 『청교도를 만나다』에서 에베니저 어스킨과 토머스 할리버턴은 스코틀랜드 신학자 명단에, 빌헬부스 아 브라켈과 헤르만 비치우스는 네덜란드 제2종교 개혁의 대표적인 신학자들 명단에 소개되었다. Wilhelmus à Brakel *The Christian's Reasonable Service* (*De Redelijke Godsdienst*, 1700) 4 vols (Grand Rapids: Christian Reformed Heritage Books, 2015); Ebenezer Erskine, *The [Westminister] Assembly's Shorter Catechism Explained by way of Question and Answer* (Belfast: Daniel Blow, 1764); Thomas Halyburton, *The Great Concern of Salvation* (Glasgow: Robert urie, 1751); John Howe, *The Living Temple*, (London: John Starkey, 1675); Herman Witsius, *De Oeconomia foederum Dei cum hominibus libri quatuor* (Trajectum ad Rhenum: Halmam, 1694).

42 19세기 존 오웬 전집의 서지사항은 다음과 같다. *The Works of John Owen*, 24 vols., edited by William H. Goold ; with life by Rev. A. Thomson. (Edinburgh : T. & T. Clark, 1862-1871). 조나단 에드워드 전집은 미국 예일대학교에서 1957년부터 2008년에 이르기까지 총 26권의 전집을 출간하였고, 이후부터는 예일대 조나단 에드워드 센터에서 디지털 전집형태로 총 73권을 제작하여 무

인물들의 전집을 편찬하는 것을 우선적으로 고려할 것을 제안한다. (참고로 19세기 혹은 오늘날 영어권에서 전집 형태로 출간된 서지사항을 간략하게 표기하였다)

윌리엄 퍼킨스 (William Perkins, 1558-1602)

The Works of William Perkins. 6 vols. Grand Rapids: Reformation Heritage Books, 2014-2018

리처드 십스 (Richard Sibbes, 1577-1635)

The Complete Works of Richard Sibbes. 7 vols. Edinburgh & London, 1862-1864.

토머스 굿윈 (Thomas Goodwin, 1600-1680)

The Works of Thomas Goodwin. 12 vols. . Edinburgh & London, 1861-1866

리처드 백스터 (Richard Baxter, 1615-1691)

The Practical Works of the Rev. Richard Baxter. 23 vols. London, 1830.

토머스 맨턴 (Thomas Manton, 1620-1677)

The Complete Works of Thomas Manton. 22 vols. London, 1870-1875.

존 번연 (John Bunyan, 1628-1688)

The Works of John Bunyan 3 vols. London: The Banner of Truth, 1991.

료로 제공하고 있다. 기존에 전집 형태로 출간된 26권의 모든 내용이 디지털 전집에 포함되어 있다. 다음 웹사이트를 참고하라. http://edwards.yale.edu/research/browse

스티븐 차녹 (Stephen Charnock, 1628-1680)

The Works of Stephen Charnock. 5 vols. Edinburgh & London, 1864-1866

토머스 보스톤 (Thomas Boston, 1676-1732)

The Complete Works of the Late Rev. Thomas Boston. 12 vols. London, 1853.

셋째, 청교도 저작을 번역할 때, 국내의 여러 독자층을 고려하여 다양한 형태로 출간할 것을 제안한다. 대다수의 청교도 저작들이 오늘날 출판되는 서적들에 비해 분량이 많은 편이고, 또한 쉽지 않은 신학의 이슈들을 깊이 있게 다루며, 변증적인 성격의 글들이 적지 않다. 이러한 사실을 고려할 때, 신학생과 목회자들을 위해서는 완역을, 일반 독자를 위해서는 축약된 형태의 번역서를 출간하여 독자층의 범위를 넓히는 것이 좋을 것이다. 다만 전자의 경우, 원전에 포함된 주석, 인용문(성경 인용 포함), 원어(성경원어와 라틴어), 그리고 원저자가 사용하는 논증의 형식 등을 생략하거나 심하게 단순화시키는 방식으로 편집하지 않을 것을 추천한다. 왜냐하면 이러한 요소들이 오늘날 독자들로 하여금 저작의 내용과 저작자의 시대적 배경을 이해하도록 돕는 중요한 단서들을 제공하기 때문이다.

2) 이차 문헌

현재까지 국내에서 수행된 청교도 연구물은 크게 두 가지 측면에서 아쉬운 점을 드러내었다.

첫째, 청교도에 관한 일반 역사학계의 연구와 청교도 신학과 저작물에 관한 신학계의 연구물 사이에 발견되는 심한 단절성이다. 주로 청교도 혁명을 중심주제를 삼는 역사학계의 저작물은 혁명기의 왕당파와 의회파 사이의 투쟁과 명예혁명, 그리고 의회가 기초한 권리청원(1628)이나 권리장전(1689)에 관한 내용을 상술하는 반면, 동일한 의회가 소집한 웨스트민스터 회의와 웨스트민스터 표준문서에 관한 내용을 종종 생략한다. 이와 유사하게 청교도의 신학적인 저작물을 탐구하는 신학자들의 연구물에는 청교도의 정치-사회적인 정황에 대한 고려가 생략되는 경향이 있다. 사실 청교도에게는 정치와 신앙의 두 세계가 서로 분리되어 있지 않았다. 일례로, 많은 이들은 메리 여왕과 엘리자베스 1세의 죽음을 영국 교회를 위한 그들의 기도가 응답된 것으로 인식했다. 루더포드의 후기 저작들은 영국의 정치상황 및 스코틀랜드 언약도 내부에서 일어난 결의파(Resolutioners)와 항의파(Protestators) 사이의 갈등을 배경으로 저술되었다. 또한 페리 밀러가 옳게 지적한 바대로, 17세기 뉴잉글랜드 청교도는 그들의 종교적 실험을 일종의 시대적 사명감으로 인식하고 있었다.
또한 격동하는 영국의 정치적 상황을 예의주시하며 신앙적인
시각에서 해석하고 있었다.[43] 이런 맥락에서 볼 때, 오늘날 국내
에서 청교도 신학을 연구하고 소개하는 연구자들은 청교도의
역사적 정황과 그들의 저작들을 통합적으로 연결하기 위해 좀
더 노력을 기울여야 할 것으로 생각된다.

둘째, 국내 연구자들이 연구 대상으로 삼은 청교도 인물을 살
펴보면 대략적으로 보아 한 두 인물에게 편중되어 있음이 드러
난다. 일례로 1980년 이래 청교도를 주제로 삼은 국내 박사학위
논문 가운데 약 삼분의 일이 조나단 에드워드에 관한 연구물로
분류된다. 청교도 인물을 연구주제로 삼은 논문들만을 따로 분
류하면 에드워즈를 다룬 연구 논문의 비율은 거의 절반에 이른
다.[44] 다소 긍정적인 시각에서 바라본다면 이는 현재 국내에서

---

43 존 폭스에 따르면, 휴 라티머는 순교하기 전에 하나님께서 영국 땅에 복음을
회복시켜 주시고 엘리자베스가 여왕이 되게 해 달라고 기도했다. John Foxe,
Foxe's Book of Martyrs, ed. William Byron Forbush (Peabody, Mass.: Hen-
drickson Pub., 2004), 300; 한편 스핑크스는 엘리자베스의 죽음과 제임스 1세
의 등극이 영국 내의 경건한 자들의 기도에 대한 응답으로 인식되었다고 말한
다. Spinks, "From Elizabeth I to Charles II,, 50; Samuel Rutherford, *The Cove-
nant of Life Opened* (Edinburgh: Printed by Andro Anderson, 1655), 2-3; 뉴
잉글랜드 청교도에 대해서는 다음 작품들을 보라. Perry Miller, *Errand into
the Wilderness* (Cambridge, Mass.: The Belknap Press of Harvard University
Press, 1956); Thomas Hooker, *A Survey of the Sum of Church Discipline* (Lon-
don: A. M. for John Bellamy, 1648), Part I, 1-18.

44 부록의 "국내박사학위논문 1980-2018"의 통계를 참고하라. 에드워즈 다음으

진행되고 있는 에드워즈 연구가 그만큼 전문화되고 있음을 시사해 준다고 생각된다. 한편 다른 측면에서 고려하자면, 에드워즈는 비키와 패더슨의 『청교도를 만나다』에 소개된 150여 명의 인물들 가운데 한 명일 뿐이라는 사실을 기억해야 한다. 18세기 뉴잉글랜드의 대표적인 신학자 에드워즈가 청교도 전통과 신학의 모든 것을 대표하지 않는 한, 국내에서 수행되는 다음 세대의 청교도 연구는 좀 더 다변화되어야 할 것이라고 생각한다.

로는 존 번연과 존 오웬을 연구 주제로 삼은 논문들이 많다.

Chapter 4

결 론

지금까지 본서는 주로 1950년대 이후부터 현재까지 국내에서
이루어진 청교도 연구의 현황을 개략적으로 살펴보고 다음 세
대의 연구자들이 참고할 만한 다섯 가지의 제안 사항을 기술하
였다. 주지하다시피, 청교도는 16세기 후반에서 18세기 초까지
약 백오십 년 동안 영국과 스코틀랜드 그리고 화란과 뉴 잉글랜
드의 넓은 지역에서 말씀에 기초한 교회개혁과 삶의 개혁을 추
구했던 사람들이다. 시기적으로나 지역의 범위를 고려할 때, 청
교도가 교회사 안에서 차지하는 비중은 결코 적지 않다. 또한 청
교도 운동이 당대인의 삶의 전반에 끼친 질적인 영향력 또한 결
코 무시할 수 없는 수준이다. 무엇보다 청교도 시대의 종교와 정
치는 불가분리의 관계였고, 예배는 공동체 삶의 중심부를 차지
했기 때문이다. 오늘날 우리가 이러한 청교도가 후대에 물려준

유산을 발견하는 것은 그리 어렵지 않다. 대표적으로 청교도 혁
명이라는 정치-사회적 유산, 설교 운동과 예배 개혁의 유산, 종
교개혁을 계승 발전시킨 신학적 유산, 그리고 경건주의의 유산
등을 고려할 수 있다. 물론 각각의 유산은 그 안에 다양성을 포
함한다. 오늘날 우리가 청교도의 저작들을 탐구하는 이유는 그
들이 남긴 다양한 유산이 여전히 우리의 정황 안에서 적실성을
가지고 있기 때문이다. 적용의 범위가 다양하고 광범한 만큼 청
교도 연구의 외연과 지평을 지속적으로 확장시켜 나아가는 것
은 다음 세대 청교도 연구자들에게 마땅히 요구되는 내용이라
하겠다. 아울러 그들이 추구했던 이상을 세밀하게 검토하고, 우
리 시대에 호소력을 갖는 방식으로 말씀에 기초한 교회개혁과
삶의 개혁을 통합적으로 구현해 내는 것은 우리 모두의 과제일
것이다.

청교도 연구 한글 자료 목록

1950-2018년[*]

1. 일차 자료 국내 번역서 1950-2018년**

1) 튜더기 출생한 청교도 58
2) 스튜어트 왕조 제임스 1세 통치기 출생한 청교도 64
3) 스튜어트 왕조 찰스 1세-제임스 2세 통치기 출생한 청교도 73
4) 스튜어트/오라네 윌리엄 3세-앤 여왕 통치기에 출생한 청교도 84

2. 국내 연구물

(1) 단행본: "청교도" 1950-2018년

1) 1950-70s 88
2) 1980-90s 88
3) 2000-2009 91
4) 2010s 95

(2) 학술지 논문: "청교도" 1950-2018년

1) 1950-70s 98
2) 1980s 99
3) 1990s 101
4) 2000s 104
5) 2010s 110

(3) 박사학위논문: "청교도" 1950-2018년

(3) 박사학위논문: "청교도" 1950-2018년 120

* 목록은 주기적으로 업데이트하여 별도로 출간할 예정임.

** 도표는 조엘 비키와 랜들 패더슨의 『청교도를 만나다』 이상웅, 이한상 역 (서울: 부흥과개혁사, 2010)에 등장하는 청교도 저작자들을 모두 포함시켰다. 이들을 영국 튜더 왕가에서 오라네 왕가에 이르기는 기간을 네 시기로 나누어 출생년도와 알파벳 순으로 배열하였다. 비키와 패더슨은 스코틀랜드 신학자들과 네덜란드 제2 종교개혁(De Nadere Reformatie) 신학자들을 별도로 구분하였으나 (부록)여기에서는 이들을 따로 구분하지 않고 영국 청교도 저작자들과 함께 도표에 통합시켰음을 밝힌다.

1. 일차 자료 국내 번역서, 1950-2018년

- 시대별 인물 고찰: 16세기 말에서 18세기 초까지-

1) 튜더기 출생한 청교도(DOB Before 1603)

Ames, William (윌리엄 에임스, 1576-1633)

The Marrow of Theology	『신학의 정수』. 서원모. 크리스챤다이제스트, 1992. 『신학의 정수』. 임원주. 가나다, 2018. [한영대조]

Bayly, Lewis (루이스 베일리, 1575-1631)

The Practice of Piety (c.1611)	『그리스도의 모습을 닮아가는 경건의 훈련』. 조계광/안보헌. 생명의말씀사, 2002. 『청교도에게 배우는 경건』 조계광/안보헌. 생명의말씀사, 2012.

Burroughs, Jeremiah (제레마이어 버로스, c.1600-46)

Learning To Be Content	『쉽게 이해될 수 없는 그리스도인의 자족, 그 진정한 의미는 무엇인가?』. 정중은. 나침반, 1990. 『만족: 그리스도인의 귀한 보물』. 김태곤. 생명의말씀사, 2010.

A Treatise of Earthly-Mindedness	『세속주의를 경계하라』. 이태복. 개혁된신앙사, 2002. 『세상에 속하지 말라』. 조계광. 생명의말씀사, 2017.
Gospel Worship	『예배의 타겟을 복음에 맞추라』. 서창원/최승락. 진리의깃발, 2002.

Cartwright, Thomas (토머스 카트라이트, 1535-1603)

Directory of Church-Government	『교회정치를 위한 지침서』. 배현주. 주교문화사, 2014.
Treatise of Christian Religion or, the whole bodie and substance of divinitie	『기독교 교리 강론』. 김지훈. 개혁주의 성경 연구소, 2004. 『기독교 총론』. 김지훈. 신반포중앙교회출판부, 2018.

Dickson, David (데이비드 딕슨, c.1583-1662)

Truth's Victory Over Error	『오류를 극복한 진리의 승리: WCF 주석』. 민성기. 제네바아카데미, 2009.

Goodwin, Thomas (토마스 굿윈, 1600-1679)

A Child of Light Walking in Darkness	『어둠 속을 걷는 빛의 자녀들』. 박현덕. 지평서원, 2001.
The Glories of Christ Set Forth	『그리스도를 바라보는 믿음』. 이태복. 개혁된신앙사, 2002.
The Trial of a Christians Growth	『그리스도인의 성장』. 황의무. 지평서원, 2010.
The Object and Acts of Justifying Faith	『믿음의 본질』. 임원주. 2 vols. 부흥과개혁사, 2013.
The Heart of Christ	『마음』. 장호준. 복있는사람, 2018.

Hooker, Thomas (토머스 후커, 1586-1647)

The Poor Doubting Christian Drawn to Christ	『그리스도께로 이끌린 사람들』. 성정훈. 지평서원, 2005.

Perkins, William (윌리엄 퍼킨스, 1558-1602)

An Exposition of the Symbol or Creed	『사도신경 강해 1』. 박홍규. 개혁된신앙사, 2004.
An Exposition of the Lords Prayer	『주기도문 강해』. 박홍규. 개혁된신앙사, 2005. 『일반인을 위한 요리문답형식의 주기도해설』. 김영호. 합신출판부, 2018.
The Art of Prophesying	『설교의 기술과 목사의 소명』. 채천석. 부흥과개혁사, 2006.
The Foundation of Christian Religion	『기독교의 기본 원리』. 김홍만. 지평서원, 2010.
Amilla Aurea	『황금사슬: 신학의 개요』. 김지훈. 킹덤북스, 2016.

Preston, John (존 프레스턴, 1587-1628)

The Golden Sceptre Hold forth to the Humble	『황금홀』. 홍상은. 지평서원, 2005. 『기도의 영성』. 이광식. 지평서원, 2010. [일부 편집되어 실림]

Rutherford, Samuel (사무엘 루더포드, 1600-1661)

Letters of Samuel Rutherford	『새뮤얼 러더퍼드 서한집』. 이강호. 크리스챤다이제스트, 2002.
Fourteen Communion Sermons	『성찬설교』. 민성기. 개혁주의성경연구소, 2007.

Samuel Rutherford's Life and Catechism	『사무엘 루더포드의 생애와 요리문답서』. 서창원. 진리의깃발, 2010.
Covenant of Life Opened	『생명언약 제1부: 행위언약과 은혜언약』. 안상혁. 합신출판부, 2018.

Sedgwick, Obadiah (오바디야 세지윅, c.1600-1658)

The Anatomy of Secret Sins	『은밀한 죄와 거룩』. 박현덕. 지평서원, 2001.

Sibbes, Richard (리처드 십스, 1577-1635)

The Returning Backslider (1639)	『돌아오는 배역자』. 이태복. 지평서원, 2001.
Joshiah's Reformation	『요시야의 개혁』. 이태복. 개혁된신앙사, 2002. 『개혁』. 윤종석. 복있는사람, 2018.
The Bruised Reed and Smocking Flax (1630)	『꺼져가는 심지와 상한 갈대의 회복』. 전용호. 지평서원, 2007. 『내가 어찌 너를 버리겠느냐?』. 조계광. 규장, 2008.
The Glorious Feast of the Gospel	『영광스러운 부르심』. 이태복. 지평서원, 2008.

Taffin, Jean (장 타펭, 1529-1602)

The Marks of God's Children	『너를 내 손바닥에 새겼고』. 홍종락. 두란노, 2007.

Teelinck, Willem (빌렘 텔링크, 1579-1629)

The Path of True Godliness	『나의 가는 길 오직 그가 아시나니』. 박문제. 두란노, 2007.

Voetius, Gisbertus (히스베르투스 푸치우스, 1589-1676)

Spiritual Depression	『내 영이 주를 갈망하며』. 홍종락. 두란노, 2007. 『영적 침체』. 황영식. 누가, 2011.

Bolton, Robert (로버트 볼턴, 1572-1631)

Boys, John (존 보이스, 1571-1625)

Burgess, Anthony (앤서니 버지스, 1600-1664)

Byfield, Nocholas (니콜라스 바이필드, 1579-1697)

Caryle, Joseph (조지프 캐릴, 1602-1673)

Case, Thomas (토머스 케이스, 1598-1682)

Cotton, John (존 코튼, 1584-1652)

Crisp, Tobias (토비아스 크리스프, 1600-1643)

Davenant, John (존 대버넌트, 1572-1641)

Dent, Arthur (아서 덴트, 1553-1607)

Derring, Edward (에드워드 데링, 1540-1576)

Downame, George (조지 다우네임, c.1563-1634)

Downame, John (존 다우네임, 1571-1652)

Dyke, Daniel (다니엘 다이크, d.1614)

Ford, Thomas (토머스 포드, 1598-1647)

Gouge, William (윌리엄 구지, 1575-1653)

Greenham, Richard (리처드 그린햄, c.1535-1594)

Greenhill, William (윌리엄 그린힐, 1598-1671)

Hall, Joseph(조지프 홀, 1574-1656)

Harris, Robert (로버트 해리스, 1581-1658)

Hildersam, Arthur (아서 힐더삼, 1563-1632)

Hill, Robert (로버트 힐, d.1623)

Johnson, Edward (에드워드 존슨, 1598-1672)

Lightfoot, John (존 라이트풋, 1602-1675)

Mather, Richard (리처드 매더, 1596-1669)

Pemble, William (윌리엄 펨블, 1591-1623)

Ranew, Nathaniel (나다니엘 레이뉴, 1602-1677)

Reynolds, Edward (에드워드 레이놀즈, 1599-1676)

Rogers, Richard (리처드 로저스, 1551-1618)

Scudder, Henry (헨리 스쿠더, c.1585-1652)

Smith, Henry (헨리 스미스, 1560-1591)

Taylor, Thomas (토머스 테일러, 1576-1632)

Trapp, John (존 트랩, 1601-1699)

Twisse, William (윌리엄 트위스, 1578-1656)

Whitaker, William (윌리엄 휘터커, 1548-1595)

Winthrop, John (존 윈스럽, 1588-1649)

2) 스튜어트 왕조 제임스 1세 통치기 출생한 청교도
(DOB 1603-1625)

Ambrose, Isaac (아이작 암브로스, 1604-1664)

Looking Unto Jesus	『예수를 바라보라』. 송용자. 2 vols. 부흥과개혁사, 2011.

Baxter, Richard (리처드 백스터, 1615-1691)

The Saint's Everlasting Rest,	『성도의 영원한 안식』. 김기찬. 크리스찬다이제스트, 1996. 『성도의 영원한 안식』. 이기승. 세복, 1997. 『성도의 영원한 안식』. 황스데반. 아가페, 2011. 『회심』. 백금산. 지평서원, 2005.
A Call to the Unconverted.	『회개했는가?』. 배응준. 규장, 2008. 『회심으로의 초대』. 박문재. 크리스찬다이제스트, 2017.
The Reformed Pastor,	『참 목자상』. 박형용. 생명의말씀사, 1970. 2016(좋은미래) 최치남(2007. 2012). 『하나님을 두려워하는 선한 목회자가 되라』. 서원교. 나침반, 1998. 『참된 목자』. 지상우. 크리스찬다이제스트, 2006. 『쉽게 읽는 참 목자상』. 조계광. 생명의말씀사, 2006. 『현대인을 위한 참된 목자』. 고신석. 프리셉트선교회, 2011. 『참된 목자』. 고성대. 크리스천다이제스트, 2016.
Dying Thoughts. Baker,	『천국을 준비했는가?』. 조계광. 규장, 2008.
The Godly Home	『하나님의 가정』. 장호준. 복있는 사람, 2012.

A Christian Directory: Or a Summe of Practical Theology and Case of Conscience	『기독교 생활지침: 개인윤리(상/하)』. 박홍규. 부흥과개혁사, 2018.

Brooks, Thomas (토머스 브룩스, 1608-1680)

Precious Remedies Against Satan's Devices	『사단의 공격을 이기는 대적 방법』. 정중은. 나침반사, 1989. 『사단의 책략 물리치기』. 서창원, 최도형. 엘맨, 2007. 『참된 회심』. 마르투스 선교회, 2014.

Bolton, Samuel (사무엘 볼턴, 1606-1654)

Heaven on Earth: A Treatise on Christian Assurance	『확신, 지상에서 누리는 천국』. 이태복. 지평서원, 2001/2012.
The True Bounds of Christian Freedom	『크리스찬의 자유의 한계』. 박우석. 생명의말씀사, 1984. 『자유 자유 자유』. 박영옥. 목회자료사, 1992. 『크리스찬, 자유를 묻다』. 조계광. 생명의말씀사, 2017.

Bridge, William (윌리엄 브리지, 1600-1670)

A Lifting Up For the Downcast	『회복』. 김동완. 복있는사람, 2018.

Durham, James (제임스 더럼, 1622-1658)

The Blessedness of the Death of These that Die in the Lord	『주님 안에서 죽는 사람은 복이 있다』. 송용자. 기독교문사, 2005. 『어떻게 살고, 어떻게 죽을 것인가?』. 송용자. 씨뿌리는사람, 2016.

Eliot, John (존 엘리엇, 1604-1690)

Indian Dialogues	『인디언과의 대화』. 김도훈. CLC, 2017.

Flavel, John (존 플라벨, 1628-1691)

The Mystery of Providence	『섭리의 신비』. 구본규. 양문출판사, 1987. 『하나님의 섭리』. 조계광. 규장, 2009. 『섭리의 신비』. 박문재. 크리스챤다이제스트, 2017.
Saint Indeed	『마음: 참된 성도의 마음』. 이태복. 지평서원, 1999. 『내 마음 다스리기』. 차명호. 미션월드 라이브러리, 2016.
Method of Grace in Gospel Redemption	『은혜의 방식』. 서문강. 청교도신앙사, 2011.
An Honest, Well Experienced Heart	『마음 지키기』. 이대은. 생명의말씀사, 2014.
Facing Grief	『슬픔』. 윤종석. 복있는 사람, 2016.

Gurnall, William (윌리엄 거널, 1616-1679)

The Christian in Complete Amour	『그리스도인의 전신갑주』. 임금선. 4 vols. 예찬사, 1991/2002. 『전신갑주』. 원광연. 2 vols. 크리스챤다이제스트, 2014. 『윌리엄 거널의 그 담대함』. 축약본, 마르투스선교회, 2014.

Guthrie, William (윌리엄 거스리, 1620-1665)

The Roots of True Faith	『당신은 참된 신자입니까 아니면 거짓 신자입니까』. 류익태. 나침반사, 1998.
Christian's Great Interest	『참된 구원의 확신』. 오현미. 그책의사람들, 2016.

Love, Christopher (크리스토퍼 러브, 1618-1705)

The Dejected Soul's Care	『낙망하는 내 영혼의 회복』 이광식. 지평서원, 2007.

Ness, Christopher (크리스토퍼 네스, 1621-1705)

An Antidote to Arminianism	『칼빈주의자가 본 알미니안주의』. 강귀봉. 생명의 말씀사, 1974.

Manton, Thomas (토머스 맨턴, 1620-1677)

A Practical Commentary: James	『야고보서』. 이길상. 아가페출판사, 1988. 『야고보서: 토마스 맨튼 성경주석』 상하. 이길상, 황영철. 아가페북스, 2015.

Owen, John (존 오웬, 1616-1683)

Temptation of Christ	『시험당하신 그리스도』. 김태곤. 생명의말씀사, 1999.
A Treatise of Self-Denial	『자기부정』. 박홍규. 믿음과행함, 2016.
An Exposition of the Epistle to the Hebrews	『히브리서 주석』. 축약본. 지상우. 생명의말씀사, 1986.
The Glory of Christ	『주님 영광에 대한 묵상이 신자에게 주는 유익/위로』. 조주석. 요약본. 나침반, 1988. 『그리스도의 영광』. 서문강. 지평서원, 1996/2003/2011. 『회복의 길: 영적후패와 불신에 대한 그리스도의 영광의 적용』. 마르투스선교회, 2015.
Sin and Temptation / Triumph over Temptation/On Temptation	『죄와 유혹』. 엄성옥. 은성, 1991/1997/2011. 『쉽게 읽는 죄와 유혹』. 조계광. 생명의말씀사, 2007/2016. 『시험』. 김귀탁. 전집 2. 부흥과개혁사, 2010. 『템테이션』. 마르투스 선교회. 마르투스, 2014.

Communion with God	『성도와 하나님과의 교제』. 황을호. 생명의말씀사, 1994. 『사랑수록 참 좋은 나』. 이설,김성연. 강같은평화, 2010. 『교제』. 김귀탁. 복있는사람, 2016.
Spiritual Mindedness	『영적 사고 방식』. 서문강. 청교도신앙사, 1997. 『그리스도인의 영성』. 조호영. 보이스사, 1998 [요약본]. 『영의 생각, 육신의 생각』. 서문강. 청교도신앙사, 2011. 『영의 생각, 육의 생각』. 김태곤. 생명의말씀사, 2011.
The Nature and Causes of Apostasy From the Gospel	『왜 그들은 복음을 배반하는가』. 안보헌. 생명의말씀사, 1997. 『배교의 본질과 원인』. 박홍규. 전집 6. 부흥과개혁사, 2018.
The Holy Spirit	『개혁주의 성령론』. 이근수. 여수룬, 2000.
Evidences of the Faith of God's Elect & The Strength of Faith	『참된 믿음의 특성과 능력』. 이태복. 개혁된신앙사, 2002.
Christians are Forever	『성도의 견인』. 조은화. 생명의말씀사, 2002/2013.
The Mortification of Sin	『죄 죽이기』. 서문강. SFC, 2004. 『내 안의 죄 죽이기』. 김창대. 브니엘, 2007/2016. 『죄 죽임』. 김귀탁. 전집 3. 부흥과개혁사, 2009. 『현대인을 위한 죄 죽이기』. 최예자. 프리셉트선교회, 2012.

On Indwelling Sin in Believers	『신자 안에 내재하는 죄』. 김귀탁. 전집 1. 부흥과개혁사, 2009.
A Declaration of Glorious Mystery of the Person of Christ-God and Man	『기독론』. 박홍규. 개혁된신앙사, 2005.
A Discourse of the Work of the Holy Spirit in Prayer	『성령이 도우시는 기도』. 박홍규. 지평서원, 2005.
Sacramental Discourse	『나를 기념하라: 존 오웬의 성찬설교』. 이태복. 지평서원, 2008.
On the Dominion of Sin and Grace	『죄와 은혜의 지배』. 이한상. 전집 4. 부흥과개혁사, 2011.
Life by His Death	『그리스도의 죽으심』. 조계광. 생명의말씀사, 2014.
Exposition of Psalm 130	『죄용서: 시편 130편 강해』. 박홍규. 전집 5. 부흥과개혁사, 2015.
Gospel Evidences of Saving Faith	『구원하는 믿음의 증거』. 조계광. 생명의 말씀사, 2018.

Poole, Matthew (매튜 풀, 1624-1679)

Matthew Poole's Commentary	『매튜 풀: 청교도 성경주석』. 8vols. [신약: 14-21] 박문재. 크리스챤다이제스트, 2015-16. 『갈라디아서』.김용훈. 매튜풀 주석 시리즈 vol.1. 그책의사람들, 2014.

Watson, Thomas (토머스 왓슨, c.1620-1686)

A Body of Divinity: Contained in Sermons upon the Westminster Assembly's Catechism.	『설교로 엮은 소요리문답 강해』. 서춘웅. 세종문화사, 1982. 『신학의 체계』. 이훈영. 크리스챤다이제스트, 1996/2002.
The Ten Commandments	『십계명』. 김기홍. 양문출판사, 1982. 『십계명 해설』. 이기양. 기독교문서선교회, 1984/2007.
The Lord's Prayer	『주기도문 해설』. 이기양. 기독교문서선교회, 1989.
The Beatitudes: An Exposition of Matthew 5:1-12	『팔복해설: 마태복음 5:1-12해설』. 라형택. 기독교문서선교회, 1990/2012.
Doctrine of Repentance	『회개』. 이기양. 기독교문서선교회, 1991/2001. 『회개』. 김동완. 복있는 사람, 2015. 『회심』. 강현민. 컴파스북스, 2018.
All Things For Good	『고난의 현실과 하나님의 섭리』. 목회자료사 번역, 1991. 『안심하라』. 조계광. 규장, 2009. 『고난의 참된 의미』. 임세일. 목회자료사, 2013.
A Divine Cordial	『모든 것이 협력하여 선을 이룬다』. 김기찬. 생명의말씀사, 1997.
The Godly Man's Picture	『경건을 열망하라』. 생명의말씀사 편집부, 1999/2018. 『거룩한 열정』. 문석호. 솔로몬, 2000. 『경건』. 김동완. 복있는 사람, 2015.

Gleanings from Thomas Watson	『묵상』. 이기양. 기독교문서선교회, 2002/2005.
The Great Gain of Godliness	『하나님을 경외하는 사람』. 조계광. 규장, 2008. 『거룩한 두려움』. 정시용. 프리스브러리, 2017.
The Christian On the Mount	『묵상의 산에 오르라』. 조계광. 생명의말씀사, 2013.
Heaven Taken by Storm	『천국을 침노하라』. 조계광. 생명의말씀사, 2014.
Act of Divine Contentment	『자족하는 법』. 정시용. 프리스브러리, 2017.

• 스튜어트 왕조 제임스 1세 통치기 출생한 청교도 (DOB 1603-1625)

Alleine, Richard (리처드 얼라인, 1611-1681)

Bradstreet, Anne (앤 브래드스트리트, 1612-1672)

Clarkson, David (데이비드 클락슨, 1622-1686)

Cobbet, Thomas (토머스 코빗, 1608-1686)

Coles, Elisha (엘리사 콜스, 1608-1688)

Fisher, Edward (에드워드 피셔, fl. 1627-1655)

Gillespie, George (조지 길레스피, 1613-1648)

Gilpin, Richard (리처드 길핀, 1625-1700)

Gouge, Thomas (토머스 구지, 1605-1681)

Grew, Obadiah (오바디야 그루, 1607-1689)

Hamond, George (조지 해먼드, c.1620-1705)

Hardy, Nathaniel (나다나엘 하디, 1619-1670)

Hoornbeek, Johannes (요하네스 호른베이크, 1617-1666)

Jacomb, Thomas (토머스 제이콤, 1623-1687)

Jenkyn, William (윌리엄 젠킨, 1613-1685)

Lawrence, Edward (에드워드 로런스, 1627-1695)

Lyford, William (윌리엄 라이퍼드, 1597-1653)

Marbury, Edward (에드워드 마베리, d.1655)

Norton, John (존 노턴, 1606-1663)

Polhill, Edward (에드워드 폴힐, c.1622-c.1694)

Robinson, Ralph (랄프 로빈슨, 1614-1655)

Shepard, Thomas (토머스 쉐퍼드, 1605-1649)

Spurstowe, William (윌리엄 스퍼스토 c.1605-1666)

Stuckley, Lewis (루이스 스턱클리, 1621-1687)

Symonds, Joseph (조지프 시머즈, d.1652)

Venning, Ralph (랄프 베닝, c.1622-1674)

3) 스튜어트 왕조 찰스 1세-제임스 2세 통치기 출생한 청교도
(DOB 1625-1688)

Alleine, Joseph (조셉 얼라인, 1634-1668)

An Alarm to the Unconverted	『회개에의 경종』.이태웅. 생명의말씀사, 1967/1974/1977/1988. 『회개의 참된 의미』. 이길상. 목회자료사, 1991/2007. 『돌이켜 회개하라』. 이용복. 규장, 2008. 『회개하지 않은 자에게 보내는 경고』. 박문재. 크리스챤다이제스트, 2015. 『회심의 은혜』. 박일귀. 패밀리북클럽, 2016.
A Sure Guide to Heaven Or An earnest invitation to sinners to turn to God	『천국에의 초대』. 이태웅. 생명의말씀사, 1992/1996/2002/2007. 『천국에 이르는 길』. 김태곤. 생명의말씀사, 2012.

Bates, William (윌리엄 베이츠, 1625-1699)

The Danger of Prosperity	『성공: 유혹인가, 축복인가』. 조계광. 생명의말씀사, 2015.

Boston, Thomas (토머스 보스턴, 1676-1732)

The Crook in the Lot	『내 몫에 태인 십자가』. 서문강. SFC, 2005. 『고통 속에 감추인 은혜의 경륜』. 서문강. 청교도신앙사, 2013.
An Illustration of the Doctrine of the Christian Religion	『웨스트민스터 소교리문답 해설 1』. 장호준. 부흥과개혁사, 2018.
A Memorial Concerning Peronal and Family Fasting	『금식의 영성』. 이태복. 지평서원, 2010.

Repentance	『회개』. 조계광. 생명의말씀사, 2014.
Human Nature in Its Fourfold State	『인간 본성의 4중 상태』. 스데반 황. 부흥과개혁사, 2015. 『죽은 자의 부활』. 스데반 황. 퍼플. 전자책. 2014. [4부 3장]

Bunyan, John (존 번연, 1628-1688)

The Pilgrim's Progress	『텬로력졍』. 게일(J. S. Gale). n.p. n.d. 『텬로력졍』. 게일(J. S. Gale). 원산셩회, 1894. 『텬로력뎡』. 게일(J. S. Gale). The Trilingual Press, 고종 32(1895). 『텬로력졍』. 게일(J. S. Gale), 조선야소교서회, 1919. 『텬로력졍, 뎨2권, 긔독도부인 려[행]록』. Lillias Horton.조선야소교서회, 1920. 『천로역정』. 上下 오천영. 대한기독교서회, 1939/1954/1961/1970/1975/1980/1994. 『천로역정』. 오천영. 혜문사(1954)/ 기문사(1962). 『하늘가는 길』. 김동준. 은총문화협회, 1954. 『천로역정』. 원창엽. 오륜출판사, 1973. /홍신문화사(1989/2007). 『천로역정』. 조성지. 박영사, 1974. 『천로역정』. 주요섭. 을지문화사/삼중당문고, 1975/1977-78/ 올재클래식스(2012). 『천로역정』. 이현주. 범우사, 1976/1984/2004. 『천로역정』. 정정숙. 세종문화사, 1977 / 혜문사(1980). 『천로역정』. 한기선. 성훈출판사, 1978/ 수문사(1984).

『성도의 가는 길』. 양은선. 생명의말씀사, 1978.

『역사 전기 소설 제1권』. 어용선. 한국학문헌연구소편, 아세아문화사, 1979.

『천로역정』. 이성학. 상서각, 1980.

『천로역정』. 윤정. 배제서관, 1984.

『천로역정』. 이성한. 성창출판사, 1984.

『천로역정』. 최정선. 지성, 1984/1988/2016.

『천로역정』. 上下 송운하. 청한, 1984/87.

『천로역정』. 유성덕. 크리스챤다이제스트, 1985/88/2001/05. CH북스(2018).

『천로역정』. 정훈성. 성도, 1986.

『천로역정』. 영한대역. 시사영어사, 1986/1990/1994.

『현대인의 천로역정』. 예찬사, 1987.

『천로역정』. 이문숙. 예찬사, 1993.

『천로역정』. 홍신사상신서 vol.18, 1987.

『천로역정』. 오금용. 예지원, 1989.

『천로역정』. 심재원. 한글, 1991/2001.

『천로역정』. 이상현. 청목, 1992.

『천로역정』. 윤경호. 도서출판나나, 1995.

『천로역정』. 박재천. 기독태인문화사, 1998.

박천칠(1992).

『천로역정』. 이경옥. 생명의말씀사, 1992.

조은화(2007/2012).

『천로역정』. 김제. 두풍, 1993.

『천로역정』. 홍미숙. 다모아, 1994.

『천로역정』. 유한준. 대일출판사, 1994.

『천로역정』. 정습섭. 혜원, 1995.

『천로역정』. 정승섭. 혜원출판사, 1995.

The Pilgrim's Progress

The Pilgrim's Progress	『천로역정 정편』. 황찬호. 서울대학교출판부, 2001. 『천로역정』. 박영호. CLC, 2004. 『천로역정』. 여성삼. 낮은마음, 2004; 엔크리스토, 2005/2009. 『천로역정』. 김창. 서해문집, 2006. 『천로역정』. 더클래식. 서해문집, 2006. 『천로역정』. 배웅준. 규장, 2007. 『천로역정』. 김미정. 홍성사, 2007. 『천로역정』. 이동진. 해누리기획, 2007. 『천로역정』. 허미순. 씨뿌리는사람, 2007. 『천로역정』. 김충남. 드림북, 2009. 『천로역정』. 태인문화사, 2009. 『천로역정』. 이윤기. 섬앤섬, 2010. 『천로역정』. 이동일. 열린책들, 2010. 『천로역정』. 최종훈. 포이에마, 2011. 『천로역정』. 한상남. 지경사, 2011. 『천로역정』. 신성명. 아침영성지도연구원, 2012. 『천로역정』. 주경희. 두날개, 2012. 『현대인을 위한 천로역정』. 이선숙. 프리셉트, 2012. 『천로역정』. 김민지. 전자책. 미르북컴퍼니, 2013. 『천로역정』. 김민지. 더클래식, 2014. 『천로역정』. 한국셰익스피어, 2016.
The Holy War	『영들의 전쟁: 속 천로역정』. 김영국. 세종문화사, 1900. 『성전』. 김영국. 세종문화사, 1977. 『거룩한 전쟁』. 권영근. 문진당, 1989.

The Holy War	『거룩한 전쟁』. 황스데반. 평단문화사, 2013. 『거룩한 전쟁』. 이혜림. 생명의말씀사, 2014. 『거룩한 전쟁』. 고성대. 크리스챤다이제스트, 2015.
Grace Abounding to the Chief of Sinners	『죄인 중의 괴수에게 은총이 넘치다』. 김영국. 세종문화사, 1977. 『죄인에게 주시는 은총』. 박화목. 대한기독교출판사, 1979. 『죄인들의 우두머리에게 내린 넘치는 은혜』. 한승용. 필그림, 2001. 『죄인에게 넘치는 은총』. 문학선. 쿰란, 2003. 『넘치는 은혜』. 이길상. 규장, 2009. 『죄인의 괴수에게 넘치는 은혜』. 고성대. 크리스챤다이제스트, 2016. 『죄인에게 넘치는 은혜 : 존 번연 참회록』. 심정현. 미스바, 2003.
The Heavenly Footman	『하늘가는 마부』. 문정일. 세복, 1997. 『하늘가는 보병』. 이영길. 호산나출판사, 2014.
An Acceptable Sacrifice or the Excellency of a Broken Heart	『상한 심령으로 서라』. 이태복. 지평서원, 1999/2002/2006/2008.
Prayer	『하늘문을 여는 기도』. 정혜숙. 작은행복, 2000/ 브니엘(2003/07/09/12/15).
Saved by Grace	『은혜로 구원하라』. 이경옥. 생명의말씀사, 1982.
The Fear of God	『경외함의 진수』. 이태복. 지평서원, 2000/09.
Heart's Ease for Heart	『마음에 평안을 얻는 지혜』. 정혜숙. 작은행복, 2000.

The Resurrection of the Dead and Eternal Judgment	『죽은 자의 부활과 영원한 심판』. 김숙경. 생명의서신, 2004.
The Intercession of Christ - Christ a Complete Savior	『예수님의 뜨거운 기도』. 이기승. 씨뿌리는사람, 2006.
How to Pray in the Spirit	『존 번연의 기도』. 정진환. 생명의말씀사, 1992. 『존 번연의 기도학교』. 송준인. 두란노, 2005.
Visions of Heaven and Hell	『존 번연이 본 천국과 지옥』. 이길상. 규장, 2004.
Seasonable Counsel, or Advice To Sufferers.	『박해당하는 자에게 고함』. 김상헌. 이페이지, 2017.
The Life and Death of Mr. Badman	『저니 투 헬: 배드맨의 삶과 죽음』. 임금선. 예찬사, 2004. 『인생의 두 길: 천국과 지옥』. 문학선. 보이스사, 2006. 『악인씨의 삶과 죽음』. 고성대. 크리스천다이제스트, 2015.
All Loves Excelling	『놀라운 하나님의 사랑』. 허미순. 기독교문사, 2005.
Justification by an Imputed Righteousness	『의롭다 하시는 하나님』. 오마리. 씨뿌리는사람, 2007.
Work of Jesus Christ As An Advocate	『대언자 되시는 예수 그리스도』. 정은영. 씨뿌리는사람, 2007.
Come and Welcome to Jesus Christ	『내게로 오라』. 황의무. 지평서원, 2011.

Charnock, Stephen (스티븐 차녹, 1628-1680)

New Birt. Part I	『당신의 거듭남, 확실합니까?』. 이태복. 지평서원, 2000.
New Birth Part II. Discourse on the Nature of Regeneration	『거듭남의 본질』. 손성은. 지평서원, 2007.
Christ Crucified	『죽임 당하신 어린양』. 김영우 & 이미아. 지평서원, 2011.
The Knowledge of God	『하나님을 아는 지식』. 임원주. 2 vols. 부흥과개혁사, 2012.
The Existence and Attributes of God	『하나님의 존재와 속성』. 임원주. 2 vols. 부흥과개혁사, 2015.

Mather, Cotton (코튼 매더, 1663-1728)

A Token for Children [with James Janeway]	『아이들의 회심 이야기』. 송용자. 지평서원, 2004/2013.

Doolittle, Thomas (토머스 둘리틀, 1630-1707)

Love to Christ	『그리스도를 사랑해야 하는 이유』. 남정우. 기독교문사, 2003.

Henry, Matthew (매튜 헨리, 1662-1714)

Commentary on the Whole Bible	『매튜헨리 성서주석』. 45 vols. 기독교문사, 1975.
	『메튜헨리 요약주석』. 이기문외. 기독교문사, 1985.
	『매튜헨리 단권주석』. 번역위원회. 풍만, 1986.
	『매튜헨리 요약주석: 에베소서, 요한123서』. 나침반사, 1985-86.
	『매튜헨리주석』. 원광연. 21vols. 크리스챤다이제스트, 2006-09/2015.

A Church in the House: A Sermon Concerning Family Religion (London, 1704)	『가정 예배를 회복하라』. 이영자. 미션월드, 2012.
Directions for Daily Communion	『날마다 하나님과』. 김순희. 생명의말씀사, 1983/1991 『하나님과 함께하는 하루』. 김순희. 생명의말씀사, 2004.
A Way to Pray	『메튜헨리의 기도』. 황봉환. 진리의깃발, 2004. 『메튜헨리 기도』. 김동완. 복있는사람, 2018.
Wisdom for christian living	『삶의 지혜』. 유정희. 생명의말씀사, 2005.

Janeway, James (제임스 제인웨이, 1636-1674)

A Token for Children [with John Cotton]	『아이들의 회심 이야기』. 송용자. 지평서원, 2004/2013.

Keach, Benjamin (벤자민 키치, 1640-1704)

Preaching from the Types and Metaphors of the Bible	『성경 은유 영해』. 김경선. 5 vols. 여운사, 1987.
Tropologia	『성경의 환유.은유.예표.비유.제유 해설 대사전』. 김경선. 여운사, 1991.

Koelman, Jacobus (야코부스 쿨만, 1631-1695)

The Duties of Parents	『주의 사랑과 훈계로』. 유정희. 두란노서원, 2017.

Lee, Samuel (사무엘 리, 1627-1691)

How to Manage Secret Prayer	『기도의 영성』. 이광식. 지평서원, 2010.

Marshall, Walter (월터 마셜, 1628-1680)

The Gospel Mystery of Sanctification	『성화의 신비』. 장호준. 복있는사람, 2010.

Mead, Matthew (매튜 미드, 1629-1699)

The Almost Chrsitan Discovered	『유사 그리스도인』. 장호익. 지평서원, 2000/2008.

Scougal, Henry (헨리 스쿠걸, 1650-1678)

The Life of God in the Soul of Man	『인간의 영혼 안에 있는 하나님의 생명』. 모수환. 크리스챤다이제스트, 2004/15. 『인간의 영혼 안에 있는 하나님의 생명』. 김태곤. 생명의말씀사, 2007.

Steele, Richard (리처드 스틸, 1629-1692)

A Remedy for Wandering Thoughts in Worship	『흐트러짐: 예배를 깨뜨리려는 유혹』. 송광택. 지평서원, 2009.
The Religious Tradesman	『그리스도인의 경제윤리』. 조계광. 지평서원, 2011.

Stoddard, Solomon (솔로몬 스토다드, 1643-1729)

A Guide to Christ	『그리스도께로 가는 길』 이순임. 기독교문사, 2003.

Vincent, Nathaniel (나다나엘 빈센트, 1619-1670)

The Spirit of Prayer	『기도의 영성』 이광식. 지평서원, 2010. [공저]

Vincent, Thomas (토머스 빈센트, 1634-1678)

The Shorter Catechism Explained from Scripture	『성경 소요리문답 해설』. 홍병창. 여수룬, 1998.
The True Christian's Love to the Unseen Christ	『보지 못한 그리스도를 향한 참된 성도의 사랑』. 이태복. 지평서원, 2001.

Alsop, Vincent (빈센트 알솝, 1630-1703)

Asty, Robert (로버트 아스티, 1642-1681)

a Brakel, Wilhelmus (빌헬무스 아 브라켈, 1635-1711)

Binning,Hugh (휴 비닝, 1627-1653)

Erskine, Ebenezer (에베니저 어스킨, 1680-1754)

Erskine, Ralph (렐프 어스킨, 1685-1752)

Gearing, William (윌리엄 기어링, c.1625-1690)

Gray, Andrew (앤드루 그레이, 1633-1656)

Halyburton, Thomas (토머스 할리버턴, 1674-1712)

Hellenbroek, Abraham (아브라함 헬렌브루크, 1658-1731)

Heywood, Oliver (올리버 헤이우드, 1630-1702)

Henry, Philip (필립 헨리, 1631-1696)

Howe, John (존 하우, 1630-1705)

Hopkins, Ezekiel (에제키엘 홉킨스, 1634-1673)

Mather, Increase (인크리스 매더, 1639-1723)

Mather, Samuel (사무엘 매더, 1626-1671)

Rogers, Timothy (티모시 로저스, 1658-1728)

Pearse, Edward (에드워드 피어스, c.1633-1673)

Ridgley, Thomas (토머스 리질리, 1667-1734)

Sewall, Samuel (사무엘 시월, 1652-1730)

Shower, John (존 샤우어, 1657-1715)

Taylor, Edward (에드워드 테일러, c.1642-1729)

Traill, Robert (로버트 트레일, 1642-1716)

Trosse, George (조지 트로세, 1631-1713)

van der Kemp, Johannes (요하네스 판 데어 캠프, 1644-1718)

Wigglesworth, Michael (마이클 위글스워스, 1631-1705)

Witsius, Herman (헤르만 비치우스, 1636-1708)

4) 스튜어트/오라네 윌리엄 3세-앤 여왕 통치기에 출생한 청교도(DOB 1689-1714)

Edwards, Jonathan (조나단 에드워즈, 1703-1758)

Freedom of the Will. WJE Vol.1	『의지의 자유』. 채재희. 예일문화사, 1987. 『의지의 자유』. 조나단에드워즈전집 2. 김찬영. 부흥과개혁사, 2016. 『자유의지』. 정부흥. 새물결플러스, 2017.
The Religious Affection WJE Vol.2	『신앙과 정서』. 서문강. 지평서원, 1994/2000/2009. 『신앙감정론』. 정성욱. 조나단에드워즈전집 1. 부흥과개혁사, 2005. 『애정의 영성』. 정혜숙. 브니엘, 2005.
A Faithful Narrative of the Surprising Work of God	『놀라운 회심이야기』. 정부흥. 기독교문서선교회, 1997/2005. 『놀라운 회심의 이야기』. 양낙흥. 크리스챤다이제스트, 2002. 『놀라운 부흥과 회심이야기』. 백금산. 부흥과개혁사, 2006.
Jonathan Edwards on Knowing Christ	『그리스도를 아는 지식』. 서문강. 지평서원, 1998/2001.
Sinners in the Hands of an Angry God	『성난 하나님의 손 안에 떨어진 죄인들』. 이우진. 말씀보존학회, 1998/2013. 『진노한 하나님의 손에 붙들린 죄인들』. 안보헌. 생명의말씀사, 1998/2004/2008/2017. 『진노하시는 하나님의 손 안에 있는 죄인』. 백금산. 부흥과개혁사, 2004.

Charity and Its Fruits	『사랑과 그 열매: 고린도전서13장 강해』. 서문강. 청교도신앙사, 1999/02. 『고린도전서13장 사랑』. 서문강. 청교도신앙사, 2013.
Watchman For Souls	『목사, 성도들의 영혼 지킴이』. 이용중. 부흥과개혁사, 2006.
The Power of God	『로마서 주석』. 김귀탁. 복있는사람, 2014.
Resolutions	『성도다운 학자의 결단』. 홍순우. 도서출판 세복, 1997 『점검: 자신을 세밀히 살펴봄』. 조계광. 생명의말씀사, 2015.
Devotions from the pen of Jonathan Edwards	『영혼의 위로』. 조계광. 생명의말씀사, 2003.
Concerts of Prayer	『기도합주회』. 정성욱, 황혁기. 부흥과개혁사, 2000/2004.
The Experience That Counts	『영적감정을 분별하라』. 김창영. 생명의말씀사, 2001.
The Life of David Brainerd	『데이비드 브레이너드: 생애와 일기』. 윤기향. 크리스챤다이제스트, 2002/2009/2013. 『순전한 헌신: 데이비드 브레이너드: 생애와 일기』. 조계광. 생명의말씀사, 2013. 『데이비드 브레이너드: 생애와 일기』. 원광연. 크리스챤다이제스트, 2009/2016. 『데이비드 브레이너드: 생애와 일기』. 송용자. 복있는사람, 2008.
The Distinguishing Marks of a Work of the Spirit of God	『부흥을 원하면 고정관념을 버리라』 배웅준. 나침반, 1998.

A Divine and Supernatural Light	『성령의 역사 분별 방법』. 노병기. 부흥과개혁사, 2004.
	『신적이며 영적인 빛』. 백금산. 부흥과개혁사, 2004.
	『신적이며 초자연적인 빛』. 고수영. 디아스포라, 2016.
Jonathan Edwards Sermon Library	『조나단 에드워즈 명설교 시리즈』. 백금산. 부흥과개혁사, 2004.
Heaven is a World of Love	『천국은 사랑의 나라입니다』. 백금산. 부흥과개혁사, 2005.
The Great Awakening. WJE Vol.4	『부흥론』. 조나단에드워즈전집 7. 양낙흥. 부흥과개혁사, 2005.
God Glorified in the Work of Redemption	『구속사역을 통해 영광받으시는 하나님』. 백금산. 부흥과개혁사, 2005.
A Farewell Sermon	『심판날 다시 만날, 분쟁하는 목사와 교인들』. 백금산. 부흥과개혁사, 2005.
Much in Deep of Charity	『불우이웃돕기는 하나님의 은혜받는 비결이다』. 백금산. 부흥과개혁사, 2005.
A History of the Works of Redemption. WJE Vol.3.	『구속사』. 조나단에드워즈전집 3. 김귀탁. 부흥과개혁사, 2007.
True Believer	『참된 신자가 되라』. 이기승. 씨뿌리는사람, 2007.
The Nature of True Virtue	『참된 미덕의 본질』. 노병기. 부흥과개혁사, 2005.
Original Sin. WJE Vol.3	『원죄론』. 조나단에드워즈전집 4. 김찬영. 부흥과개혁사, 2016.

God Glorified in Man's Dependence	『사람의 의존에서 영광받으시는 하나님』. 고수영. 디아스포라, 2016.
Radical Conversion and True Revival	『철저한 회심, 참된 부흥』. 임은묵. 예찬사, 2017.
Knowledge of Divine Truth	『신학공부의 필요성과 중요성』. 백금산. 부흥과개혁사, 2004.
Dissertation On the End For Which God Created	『조나단 에드워즈가 본 천지 창조의 목적』. 정일오. 솔로몬, 2003.
Justification by Faith Alone Treatise on Grace	『기독교 중심 : 이신칭의 은혜론』. 이태복. 개혁된신앙사, 2002.
[Sermons: Jonathan Edwards' Preaching on the Gospel]	『복음설교 조나단 에드워즈에게 배우다』. 김홍만. 생명의 말씀사, 2016.

• 스튜어트/오라네 윌리엄 3세-앤 여왕 통치기에 출생한
청교도(DOB 1689-1714)

Comrie, Alexander (알렉산더 콤리, 1706-1774)

Frelinghuysen, Theodorus Jacobus (테오도루스 야코부스 프렐링하이젠, 1691-1747)

van der Groe, Theodorus (테오도루스 판 데어 흐루, 1705-1784)

2. 국내 연구물

(1) 단행본: "청교도" 1950-2018년

1) 1950-70s

역사/사상
홍종철, 『청교도혁명기의 영국사회의 변혁』 (서울: 고려대, 1959).

인물/신학
박영호, 『청교도신앙』 (서울: 예수교문서선교회, 1979, 1991).

2) 1980-90s

역사/사상
박영효, 『청교도 신앙』 (서울: CLC, 1994).
서요한, 『언약 사상사』 (서울: CLC, 1994).
임희완, 『청교도 혁명의 종교적 급진사상 : 윈스탄리를 중심으로』 (서울: 집문당, 1985).
임희완, 『영국 혁명의 수평파 운동』 (서울: 민음사, 1988).
임희완, 『청교도: 삶, 운동, 사상』 (서울: 아가페문화사, 1999).

홍사중, 『영국 혁명사상사』 (서울: 정예원, 1982).

G. E. 에일머, 『청교도 혁명에서 명예 혁명까지』 임희완 역 (서울: 삼눈,
1986).
[원제: Aylmer, G. E. A Short history of seventeenth-century England]

알렌 카덴, 『청교도정신: 17세기 미국 청교도들의 신앙과 생활』 박영호 역
(서울: CLC, 1993).
(Allen Carden, Puritan Christianity in America)

I.D.E. 토마스, 『퓨리탄의 힘은 무엇인가?』 (서울:
대한예수교장로회신학교대학원, 1985). 『퓨리탄의 힘』 오태용 역 (서울:
바른신앙, 1991)
[원제: Puritan Power]

I.D.E. 토마스 편, 『청교도 명언 사전』 이남종 역 (서울: 크리스찬다이제스트,
1992).
[원제: The Golden Treasury of Puritan Quotations]

인물/신학

원종천, 『칼빈과 청교도 영성』 (서울: 도서출판 하나, 1994).

원종천, 『청교도 언약사상: 개혁운동의 힘』 (서울: 대한기독교서회, 1998).

정준기, 『청교도 인물사: 현대인을 위한 청교도 연구』 (서울: 생명의말씀사,
1996).

제임스 헤론, 『청교도역사』 박영효 역 (서울: 기독교문서선교회, 1982/89).
[원제: James Heron, A Short History of Puritanism]

마틴 로이드 존스, 『청교도신앙: 그 기원과 계승자들』 서문강 역 (서울: 생명의말씀사, 1990/93).
[원제: Martin Lloyd-Jones, *Puritans : Their Origins and Successors*]

마틴 로이드 존스, 『청교도신앙: 그 기원과 계승자들』 서문강 역 (서울: 생명의말씀사, 1990/93).
[원제: Martin Lloyd-Jones, *Puritans : Their Origins and Successors*]

J. I. 패커, 『청교도 사상: 하나님의 영적거인들: 박스터, 오웬, 십스』 박영호 역 (서울: CLC, 1992/2016).
[원제: J.I. Packer, *Among God's Giants]*
리랜드 라이큰, 『청교도: 이 세상의 성자들』 김성웅 역 (서울: 생명의말씀사, 1996).
[원제: Leland Ryken, *Worldly Saints*]

아서 루너, 『청교도의 후예: 그들의 발자취와 회중사상』 유성렬 역 (서울: 들소리, 1983).
[원제: Arthur A. Rouner, *The Congregational way of life*]

실천신학

루이스 피터, 『청교도 목회와 설교』 서창원 역 (서울: 청교도신앙사, 1991).
[원제: Peter Lewis, *The Genius of Puritanism*]

홀톤 데이비스, 『청교도 예배:1629-1730』 김석한 역 (서울: CLC, 1999).
[원제: Horton Davis, *The Worship of English Puritans*, 1945]

3) 2000-2009

역사/사상

오만규, 『청교도 혁명과 종교자유』 (서울: 한국신학연구소, 2002).

이문영, 『인간, 종교, 국가: 미국행정, 청교도정신, 그리고 마르틴루터의 95개조』 (서울: 나남출판, 2001).

정만득, 『미국의 청교도 사회: 정착 초기의 역사』 (서울: 비봉, 2001) 2003. [전자책]

조신권, 『청교도 신앙과 문학의 탐구』 (서울: 총신대학교출판부, 2005).

인물/신학

김남준, 『존 오웬의 신학』 (서울: 부흥과개혁사, 2008).

김상현, 『청교도 신앙과 신학』 (서울: 미주이민선교100주년기념사업회, 2003).

김홍만, 『초기 한국장로교회의 청교도신학』 (서울: 옛적길, 2003).

김홍만, 『청교도 열전』 (서울: 솔로몬, 2009).

박세환, 『존 번연의 신학사상과 설교』 (서울: 영문, 2001).

변길용, 『청교도 평신도 운동: 초기 회중교회주의(1582-1648)』 (서울: 한국학술정보, 2007).

송상용, 『존 오웬: 청교도 신학의 최고 정상』 (서울: 넥서스, 2009).

양낙홍, 『조나단 에드워즈: 생애와 사상』 (서울: 부흥과개혁사, 2003).

오덕교, 『청교도와 교회개혁』 (수원: 합동신학대학원출판부, 2001).

오덕교, 『청교도 이야기: 교회사를 빛낸 영적 거장들의 발자취』 (서울:
이레서원, 2001).

오덕교, 『언덕위의 도시: 청교도의 사회개혁적 이상』 (수원:
합동신학대학원출판부, 2005).

오희동, 『에드워즈의 대각성운동과 한국교회의 부흥운동』 (서울: 성광,
2005).

이상현, 『삼위일체, 은혜, 그리고 믿음: 조나단 에드워즈 신학 연구』 (서울:
CLC, 2003).

이상현, 『조나단 에드워즈의 신학』 (서울: 부흥과개혁사, 2008).

황기식, 『청교도의 거룩한 삶의 실천』 (서울: 쿰란출판사, 2005).

황영식, 『조나단 에드워즈의 참된 부흥』 (서울: 누가, 2005).

조엘 비키, 『개혁주의 청교도 영성』 김귀탁 역 (서울: 부흥과개혁사, 2009).
[원제: Joel R. Beeke, *Puritan Reformed Spirituality*]

D.G.하트 외, 『조나단 에드워즈의 유산』 장호익 역 (서울: 부흥과개혁사,
2009).
[원제: D.G.Hart, Sean M. Lucas, Stephen J. Nicholas: *Legacy of Jonathan
Edwards*]

에드워드 힌슨, 『청교도 신학』 박영호 역 (서울: CLC, 2002).
[원제: Edward Hindson, *Introduction to Puritan Theology*]

베리 호너, 『천로역정 명강의』 신호섭 역 (서울: 부흥과개혁사, 2009).
[원제: Barry E. Horner, *Pilgrim's Progress*]

에롤 헐스, 『청교도들은 누구인가?』 이중수 역 (서울: 양무리서원, 2001)
[원제: Errol Hulse, *Who are the Puritans?*]

켈리 카픽 & 랜들 글리슨 편, 『청교도 고전으로의 초대』 김귀탁 역 (서울:
부흥과개혁사, 2009).
[원제: Kelly M. Kapic & Randall C. Gleason, *The Devoted Life*]

어니스트 케빈, 『율법, 그 황홀한 은혜: 청교도신앙의 정수』 임원택 역 (서울:
수풀, 2006).
[원제: Ernest F. Kevan, *The Grace of Law*]

돈 키슬러, 『청교도 작품을 읽어야하는 10가지 이유』 백금산 역 (서울:
부흥과개혁사, 2004).
[원제: Don Kistler, *Why Read the Puritans Today?*]

앤드류 톰슨, 『존 오웬』 엄경희 역 (서울: 지평서원, 2006).
[원제: *Andrew Thomson, John Owen*]

피터 툰, 『청교도와 칼빈주의』 양낙흥 역 (서울: CLC, 2009).
[원제: Peter Toon, *Puritans and Calvinism*]

데이비드 보건, 『조나단 에드워즈』. 김은홍 역 (서울: 기독신문사, 2004).
[원제: David Vaughan, *Jonathan Edwards*]

박영효,『청교도 실천신학』(서울: CLC, 2002).

조엘 비키,『청교도 전도: 성경적 접근』김홍만 역 (서울: 청교도신앙사, 2002).
[원제: Joel Beeke, *Puritan Evangelism*]

아서 베넷,『영혼을 일깨우는 기도: 은혜와 감동이 넘치는 청교도들의 기도와
묵상』유상섭 역 (서울: 생명의 말씀사, 2001).
[원제: Bennett, Arthur, *The Valley of Vision*]

브루스 비클,『복음과 청교도 설교』원광연 역 (서울: 청교도신앙사, 2003).
[원제: Bruce R. Bickel, *Light and Heat: the Puritan View of the Pulpit and the
Focus of the Gospel in Puritan Preaching*]

4) 2010s

역사/사상

고신대 개혁주의학술원 편, 『칼빈시대 영국의 종교개혁가들』 (부산: 고신대 개혁주의학술원, 2015).

고신대 개혁주의학술원 편, 『칼빈 이후 영국의 개혁신학자들』 (부산: 고신대 개혁주의학술원, 2016).

김호욱, 『영국의 종교개혁과 청교도 운동』 (서울: 가리온, 2015).

김홍만, 『청교도에게 길을 묻다』 (서울: 생명의말씀사, 2017).

박봉일, 『17세기 청교도 가정』 (서울: 카피솔루션, 2016).

배한극, 『미국 청교도 사상』 (서울: 혜안, 2010).

서요한, 『청교도 유산: 그들의 역사와 신학적 이상』 (서울: 그리심, 2016).

신승헌, 『청교도 혁명과 명예혁명』 (파주: 주니어김영사, 2012).

윤종훈, 『영국 청교도 사상사: 튜더왕조』 (서울: 성광문화사, 2014).

조신권, 『청교도 문학 속의 신학 탐구』 (서울: 아가페문화사, 2017).

주도홍, 『개혁교회 경건주의』 (서울: 대서, 2011).

존 머리, 『현대 영국 개혁주의 부활: 개혁주의 청교도 책의 재발견』 김병규 역 (서울: 부흥과개혁사, 2007).
[원제: John Murray, *Catch the Vision*]

노병기, 『거룩한 칭의: 복음주의 대각성 운동과 청교도의 조직신학 칭의론, 은혜론』 (서울: 예영커뮤니케이션, 2015).

노병기, 『거룩한 경고: 복음주의 대각성 신학과 청교도 구원론에 근거한 조직신학 종말론』 (서울: 예영커뮤니케이션, 2016).

문정식, 『개혁주의 언약사상: 종교개혁자 존 칼빈과 청교도 윌리암 퍼킨스 언약사상, 그 연속과 발전』 (서울: 교회와 성경, 2015).

서창원, 『청교도 신학과 신앙』 (서울: 지평서원, 2013).

안상혁, 『언약신학: 쟁점으로 읽는다』 (수원: 영음사, 2014/2016).

이은선, 『청교도 입문』 (서울: 지민, 2014).

조엘 비키 & 랜들 패더슨, 『청교도를 만나다』 이상웅, 이한상 역 (서울: 부흥과개혁사, 2010).
[원제: Joel Beeke & Randall J. Pederson, *Meet the Puritans*]

조엘 비키 & 마크 존스, 『청교도신학의 모든 것: 삶을 위한 교리』 김귀탁 (서울: 부흥과개혁사, 2015).
[원제: Joel R. Beeke & Mark Jones, *A Puritan Theology: Doctrine for Life*]

스티븐 카셀리, 『웨스트민스터 총회의 율법과 복음: 앤서니 버지스의 언약신학과 율법과 복음의 관계』 황의무 역 (서울: CLC, 2018).
[원제: Stephen J. Casselli, *Divine Rule Maintained: Anthony Burgess*]

안토니 T. 셀바지오 편, 『웨스트민스터 총회의 유산: 단번에 주신 믿음』 김은득 역 (서울: 개혁주의신학사, 2014).
[원제: Anthony T. Salvaggio ed., *The Faith Once Delivered*]

윌리엄 C. 왓슨,『청교도 시대의 종말론』곽철호/최정기 역 (이천:
성서침례대학원대학교출판부, 2017).
[원제: William C. Watson, *Dispensationalism before Darby: 17th and 18th C.*
Apocalypticism]

실천신학

김남준,『성수주일: 청교도의 주일성수, 그 평가와 계승』(서울: 익투스, 2015).

민재홍,『시키시는 눈동자: 현대의 청교도 전도 시집』(인천: 예향, 2013).

민재홍,『지성소: 현대의 청교도 전도 시집 2』(인천: 예향, 2017).

박영호,『청교도 실천신학』(서울: CLC, 2014).

서정렬,『청교도 설교』(대전: 엘도론, 2014).

이영란,『청교도 목회학』(서울: CLC, 2014).

루이스 베일리,『청교도에게 배우는 경건』조계광, 안보현 역 (서울:
생명의말씀사, 2012).
[원제: Lewis Bayly, *The Practice of Piety*]

데이비스 홀튼,『미국 청교도 예배: 1639-1730』김상구 역(서울: CLC, 2014).
[원제: Horton Davies, *Worship of the American Puritan: 1629-1730*]

이안 머리,『청교도의 소망: 부흥과 세계선교를 향한 청교도의 열정』장호익
역(서울: 부흥과개혁사, 2011).
[원제: Iain Murry, *The Puritan Hope*]

랜들 패더슨,『청교도와 함께하는 말씀 묵상 365일』임범진 역 (서울:
부흥과개혁사, 2010).
[원제: Randall J. Pederson, *Day by Day with the English Puritans*]

(2) 학술지 논문: "청교도" 1950-2018년

1) 1950-70s

역사/사상/문학

나종일. "John Liburne과 Oliver Cromwell."「역사학보」74(1977): 1-78.
나종일. "영국혁명에 있어서의 종교와 정치: 장기의회의 장로파와 독립파를 중심으로."「역사학보」82(1979).
문영상. "청교도혁명의 사회경제적 배경의 분석."「동아논총」7(1970): 25-58.
민석홍. "청교도혁명기의 수평파에 있어서의 자유와 평등의 개념." 「최문환박사 추념 논문집」(1977).
박광선. "청교도혁명시의 사회개혁운동."「문(門)」3(1973): 60-70.
이병길. "청교도혁명의 정치이론."「법정학보」1(1958): 17-37.
이장식. "청교도의 자연법사상."「신학연구」5(1959): 49-59.
임호수. "청교도 혁명의 성격에 관한 연구." 충남대「논문집」10(1971): 51-66.
임호수. "청교도혁명기 영국의회의 역할에 관한 연구."「역사와 담론」5(1977): 1-30.
임호수. "청교도혁명에서 거둔 성과에 대한 연구."「역사와 담론」7(1979).
조만제. "청교도혁명과 정치이론."「논문집」9(1979).
한용희. "청교도혁명의 당파적 분석."「논문집」2(1972): 163-178.
홍종철. "청교도혁명기의 영국사회의 변혁."「고려대」(1959).
홍치모. "영국혁명에 있어서의 장포파와 독립파에 관한 논의."「신학지남」(1978).

인물/신학

명신홍. "빽스터와 그의 설교."「신학지남」27/2(1960): 27-33.
명신홍. "빽스터의 목회."「신학지남」28/3(1961): 5-8.

2) 1980s

역사/사상/문학

M.Walzer. "혁명이데올로기로서의 청교도 정신." 「신학사상」 29(1989).

김대환. "청교도 윤리와 다원주의의 야누스." 「광장」 163(1987).

노창식. "초기 미국문학의 사상적 배경." 서원대학 「논문집」 12(1983).

배한극. "미국청교도사상이 한국개신교와 근대교육에 미친 영향." 「논문집」 19(1983).

배한극. "17세기 미국 청교도의 경제사상과 윤리." 「논문집」 21(1985).

유천형. "청교도 혁명의 사상적 배경." 「교육논총」 11(1989).

이대섭. "인기연재: 청교도운동." 「활천」 408(1984).

이동섭. "올리버 크롬웰 1세 청교사상 연구." 「한성사학」 2(1984).

이동섭. "Puritan 혁명이 타국에 미친 영향." 「한성사학」 5(1988).

이세구. "영국청교도혁명의 헌정사적 고찰." 「법정논총」 6(1984).

이승영. "청교도 혁명기의 수평파운동." 「논문집」 29(1982).

이영효. "1세기 북미 뉴잉글랜드의 청교도와 인디안의 관계." 「역사학보」 123(1989).

임호수. "청교도혁명중에 나타난 인권사상에 관한 연구." 「인문학 연구」 11(1984).

장왕록. "식민지시대 미국문학에 나타난 Puritanism과 그 거센 파장." 「인문논총」 14(1985).

정만상. "Oscar Wilde의 세 희극에 비친 Puritanism." 「영남저널」 1(1981).

조경래. "영국시민혁명을 전후한 주권논쟁." 「단국대 사학지」 16(1992).

조만제. "영국 청교도혁명기의 국왕과 청교도." 「논문집」 16(1987).

조만제. "영국청교도혁명기의 자유사상." 「경회사학」 6-8(1980).

최경한. "영국혁명의 원인." 「전주교대논문집」 27(1983).

최상하. "청교도혁명 소고." 「사학회지」 7(1965): 80-84.

최진한. "영국혁명기 제당파에 관한 연구: 장로파와 독립파 중심으로." 「전주교대논문집」 27(1978).

최진한. "청교도혁명기의 반독점운동." 「논문집」 24(1982).

인물/신학

김정근. "Jonathan Edwards." 동국대 「논문집」 27(1988).

김명혁. "요나단 에드워드의 생애와 설교." 「신학정론」 4/1(1986).

오덕교. "웨스트민스터 총회에서의 안소니 터크니의 역할과 대소요리문답
작성에 미친 그의 영향." 「신학정론」 5/2(1987).

오덕교. "교회사에 나타난 예배-청교도 존 코튼을 중심으로." 「성경과 신학」
6(1988).

오덕교. "교회의 부활: 교회 개혁에 대한 존 카튼의 종말론적 이해." 「신학정론」
7/1(1989).

유성덕. "John Bunyan의 작품에 나타난 흠정역 성경의 영향." 「논문집」
6(1987).

이성일. "An Oratio of the Progress of the Soul: Edward Taylor's God's
Determination." 「인문과학」 5 48(1982).

전준수. "A Study of Jonathan Edwards." 우석대 「논문집」 5(1983).

전준수. "The Artistry of Jonathan Edwards's Literature." 우석대 「논문집」
(1985).

실천신학

오덕교. "교회사에 나타난 예배-청교도 존 코튼을 중심으로." 「성경과 신학」
6(1988).

3) 1990s

역사/사상/문학

김인수. "한국교회와 청교도 운동." 「장신논단」 13(1997).

김정문. "Shakespeare의 작품에 나타난 청교도주의." 「김구논총」 4/1(1997).

박경운. "호손의 '주홍글씨': 헤스터의 성과 청교도 사회의 권력." 「현대영미어문학」 15/2(1997).

배한극. "17세기 미국청교도의 학문과 도덕." 「역사교육논집」 13-14(1990).

성명숙. "청교도혁명기 수평파의 인민협약에 관한 연구." 「고고력사학지」 9(1993).

송건화. "청교도주의와 Hester Prynne." 「우암논총」 18(1997).

오덕교. "뉴잉글랜드 청교도의 가정관." 「성경과 신학」 24 (1998).

이영효. "17세기 매사추세츠 청교도의 인디안 전도사업." 「역사교육」 49(1991).

이은선. "칼빈과 청교도의 경제윤리." 「한국개혁신학」 6/1(1999).

이형식. "미국 연극에서의 청교도주의." 「통일인문학」 30 (1998).

정준기. "미국 제1차 각성운동." 「광신논단」 5(1993).

정준기. "미국 청교도 각성운동." 「광신논단」 6(1994).

조경래. "Puritan Revolution에 있어서의 독립파의 정권에 관한 연구." 「상명여대 인문과학연구」 3(1995).

홍영백. "17세기 뉴잉글랜드의 경제윤리." 동국사학 3(1997).

황훈성. "황야의 이데올로기: 미국 자연관의 청교도적 전통." 「영어영문학」 42(1996).

인물/신학

김대진. "조나단 에드워즈의 생애와 사상." 「신학과 사회」 1/1(1998).

김성균. "John Bunyan의 The Holy War." 「영어영문학연구」 15(1993).

김중락. "Samuel Rutherford와 국민계약 사상." 「전북사학」 21-22 (1999).

박희석. "Pastoral Life in John Owen." 「총신대 논총」 15(1996).

박희석. "The Practical Observance of the Lord's Day in John Owen." Chongshin Review 3(1998).

배본철. "성령의 성화 사역에 대한 청교도적 이해." 「성결신학연구」 2(1997).

성경준. "존 코튼과 엔티노미언 논쟁." 「미국학논집」 31/1(1999).

신덕희. "Mystic Selves: Edward Taylor and John of the Cross." 「미국학논집」 31/2(1999).

신덕희. "Mystical Spirituality in Edward Taylor's Canticle Poems." 「영어영문학」 44/4(1998).

신두호. "Theology and Metaphor: Thomas Aquinas and Edward Taylor." 「북미주학 연구」 4(1995).

양유정. "앤 브랫스트리트의 시에 나타난 청교도적 자아와 사회." 「동서논문집」 1/1(1995).

오덕교. "존 코튼의 교회개혁에 대한 종말론적 해석." 「신학정론」 8/1(1990).

오덕교. "존 코튼의 그리스도의 천년왕국에 대한 이해." 「신학정론」 9/1(1991).

오덕교. "청교도적 관점에서 본 교회정치의 원리." 「신학정론」 13(1995).

오춘희. "코메니우스와 청교도의 관계에 대한 일 고찰." 「ACTS신학과 선교」 1(1997).

원종천. "16세기 영국 청교도 언약사상 형성의 역사적 배경." 「ACTS신학과 선교」 2(1998).

원종천. "Theocentric Natural Fitness: Jonathan Edwards, John Owen." ACTS 「신학저널」 6(1996).

유성덕. "Milton의 Paradise Lost와 Bunyan의 Pilgrim's Progress에 나타난 청교도사상." 「밀턴과 근세영문학」 4(1994).

이은선. "루터, 칼빈, 그리고 청교도의 소명사상." 대신대학 「논문집」 12(1992).

이종진. "미국부흥운동 연구: 조나단 에드워즈와 찰스 피니 비교."
「서울장신논단」 14(1998).

이태언. "청교도의 신앙에 관한 연구." 「비교법학」 3(1991).

이한상. "스티븐 차르녹의 신적 전능과 주권에 대한 이해." 「한국개혁신학」
27(1997).

임희완. "영국청교주의의 계약사상." 「교육논총」 14 (1990).

임희완. "영국 계약사상의 기원과 성격." 「학술지」 39/1(1995).

장경렬. "로고스와 인간의 언어: Edward Taylor의 Preparatory Meditations."
「인문논총」 29(1993).

조신권. "밀턴: 청교도적인 윤리적 이상주의: 코머스." 「밀턴과 근세영문학」
9/2(1999).

조신권. "천국의 순례자 존 번연과 퓨리타니즘." 「영어영문학 연구」 18(1996).

조신권. "청교도 시인 존 밀턴의 세계." 「영미어문학」 5(1998).

피영민. "Jonathan Edwards를 중심으로 본 부흥과 종교적 감성의 관계."
「성경과 신학」 15(1994).

실천신학

김재성. "칼빈과 청교도의 주일성수." 「신학정론」 14(1996).

오덕교. "청교도와 교회개혁의 방편으로서의 설교." 「신학정론」 11/2(1993).

4) 2000s

L. J. Trinterud. 박성현 역. "청교도 기원."「진리와 학문의 세계」 5/3(2001).

권동택. "영미근대초등교육 형성과정에서의 청교도 역할 연구."「학습자 중심
    교과교육 연구」 9/3(2009).

김익진. "청교도운동과 청교도주의." 교수「논문집」 2(2003).

권현주. "미국 청교도 복식."「한국니트디자인학회」 2005/11(2005).

김병희. "청교도주의와 '상복이 어울리는 일렉트라'."「신학과 목회」 18(2002).

김석현. "핀천판사의 청교도적 위선과 『일곱박공의 집』."「인문논총」
    30(2000).

김옥수. "마블의 청교도 지형시."「밀턴과 근세영문학」 18/1(2008).

김옥태. "청교도 여가에 대한 공과."「한국 체육철학회지」 12/1(2004).

김홍기. "청교도주의운동. 그 역사적 재발견."「신학과 세계」 56(2006).

김홍만. "16-17세기 청교도와 부흥."「역사신학논총」 17(2009).

박기선. "개화기 한자 어휘의 변천에 관한 소고: 〈턴로력뎡〉의 이본을
    중심으로."「언어와 문화」 2/1(2006).

박명호. "청교도 부모들의 자녀교육 고찰."「복음과 실천신학」 7(2004).

박우룡. "미국문화의 발전에 끼친 영국의 종교적-이념적 영향: 청교도주의와
    계몽주의."「영미연구」 6(2000).

배한극. "17세기 뉴잉글랜드 청교도의 학문과 교육."「서양역사와 문화연구」
    2(2005).

양현철. "Nathaniel Hawthorne의 소설에 나타난 Puritan 시대의 죄와 사랑."
    「지성과 창조」 6(2003).

오덕교. "뉴잉글랜 청교도의 건국이념 비교."「성경과 신학」 27(2000).

오덕교. "청교도의 정치사상."「신학정론」 21/2(2003).

원종천. "영국 청교도 영성 발전과정의 역사적 조명."「ACTS신학과 선교」
    9(2005).

이관직. "존 번연의 '지옥여정'에 나타난 웰빙사상과 현대적 의미." 「유관순
연구」 8(2006).
이길구. "청교도주의가 미국 초기문학에 미친영향." 「현대영미어문학」
25/1(2007).
이영애. "청교주의와 유다이즘의 관점에서 솔 벨로우 다시 읽기." 「미국
소설」 13/2(2006).
이영효. "뉴잉글랜드 청교도의 인디언 경험." 「서양사론」 70/1(2001).
이영효. "청교도들은 얼마나 청교도적이었나?: 뉴잉글랜드 식민지의 가족과
공동체." 「미국사 연구」 16(2002).
이종우. "비밀의 열쇠로서의 여성: 크리스티애나의 천로역정."
「영어영문학」 54 /2(2008).
임창건. "도덕률 폐기론 논쟁과 미국 청교주의의 쇠퇴." 「미국학논집」
36/1(2004).
임창건. "미국 청교도 식민지에 나타난 종교의 권력화 현상."
「국제지역연구」 9/2(2006).
임창건. "미국 청교주의의 제도화 과정." 「인간과 문화연구」 9(2004).
임창건. "신학적 담론의 예술적 변형: 도덕률폐기론과 주홍글씨." 「미국
소설」 12/2(2005).
장희종. "청교도의 역사와 그 정신." 「진리와 학문의 세계」 7/3 (2202).
장정우. "청교도와 인디언: 닫힌 정원, 열린 황야." 「밀턴과 근세영문학」
12/1(2002).
정영권. "영국사학회: 영국혁명에서의 주중설교제도: 청교도 의회 초기
종교정책의 한 일면." 「전국서양사연합학술발표회」 2(2007).
진광현. "셰익스피어의 *Measure for Measure*에 나타난 청교도적 성의
이데올로기와 주체성." 「새한영어영문학회 학술발표회 논문집」
(2001).
하남길. "미국 스포츠 사회사: 청교도주의와 스포츠." 「체육사학회지」
12/1(2007).

한지희. "미국 문화권력의 청교도적 뿌리와 월트 휘트만의 수용." 「영어영문학」
　　　 55/3(2007).
한지희. "월트 취트만과 청교도 문화이데올로기." 「현대영미어문학회
　　　 학술대회발표논문집」 10(2007).
한현숙. "미국 청교주의에 대한 엘리엇의 태도." 「T.S. 엘리엇연구」 13/1(2003).

인물/신학

강만희. "17세기 영국 침례교 회중찬송 역사에 관한 연구: Benjamin Keach."
　　　 「한국기독교신학논총」 64/1(2009).
강우성. "프랭클린의 자서전과 청교도적 개인." 「근대영미소설」 15/1(2008).
강웅산. "조나단 에드워즈의 그리스도와의 연합을 통해 본 칭의론." 「목회와
　　　 신학」 186(2004).
김상훈. "웨스트민스터 신앙고백서에 근거한 개혁주의 성경관 연구." 「총신대
　　　 논총」 22(2003).
김영한. "조나단 에드워즈 청교도 신학의 특성." 「한국개혁신학」 17(2005).
김홍만. "조나단 에드워즈와 제1차 영적 대각성." 「신학지평」 19(2006).
김홍만. "존 웨슬리의 부흥 이해: 조나단 에드워즈와 관련하여." 「국제신학」
　　　 11(2009).
나용화. "조나단 에드워즈의 영성." 「개신논집」 3(2002).
문석호. "청교도 신학의 현대적 의미." 「총신대 논총」 20(2001).
박영호. "윌리엄 퍼킨스의 설교의 기술에 관한 연구." 「복음과 실천신학」
　　　 11(2006).
박영효. "리차드 박스터의 생애와 사역 연구." 「복음과 실천신학」 10(2005).
박완철. "조나단 에드워드의 설교와 그의 마음의 감각 신학." 「신학정론」
　　　 24/1(2006).
박응규. "T.J. 프렐링하이젠과 미국의 제1차 대각성운동." 「역사신학논총」
　　　 14(2007).

박홍규. "믿음의 확신에 대한 토마스 굿윈의 이단계적 이해." 「조직신학 연구」 7(2006).

박홍규. "영국 청교도 신학에서 성령침례." 「복음과 실천」 35/1(2005).

박홍규. "존 오웬의 구속에 대한 삼위일체적 이해." 「조직신학 연구」 3(2003).

박홍규. "존 오웬의 신학에서 구속과 복음전도." 「복음과 실천」 33/1(2004).

박희근. "퓨리터니즘과 언약개념." 「칼빈논단」 (2003).

박희석. "The Lord's Day in John Owen." Chongshin Review (2009).

박희석. "The Sabbath Theology in John Owen" Chongshin Review (2002).

박희석. "The Sabbath: Calvin, Heylyn, Owen and the Westminster Standards." Chongshin Review 5(2000).

박희석. "칼빈과 언약신학." 「총신대 논총」 21(2002).

박희석. "칼빈과 웨스트민스터신앙고백서에 나타난 언약신학." 「총신대 논총」 23(2003).

변종길. "화란 개혁교회의 영성과 경건: Gisbertus Voetius를 중심으로." 「교회와문화」 6(2001).

서성록. "조나단 에드워즈의 거룩한 아름다움." 「미학예술학연구」 16(2002).

서정열. "존 번연의 신학과 설교." 「진리와 학문의 세계」 20(2009).

손성수. "존 오웬의 영성이해." 「대학과선교」 15(2008).

양낙흥. "조나단 에드워즈의 구원론." 「역사신학논총」 2(2000).

오덕교. "윌리엄 퍼킨스와 '설교의 기술.'" 「헤르메네이아투데이」 20(2002).

오덕교. "일가 김용기와 청교도 사상." 「신학정론」 21/2(2003).

오창록. "존 오웬을 통해 본 말씀과 성령." 「개신논집」 8(2008).

원성현. "17세기 북미 로드아일랜드의 분리과 청교도의 대외관: 로저 윌리암스." 「교회사학」 3/1(2004).

원종천. "청교도 율법적 경건의 역사적 배경." 「역사신학논총」 10(2005).

유태주. "청교도 언약신학에서 본 하나님의 선택과 인간의 책임." 「신학과 사회」 15(2001).

윤종훈. "Doing Theologian: 청교도주의의 족장, 대들보, 존 오웬의 생애와
　　사상." 「성경과 고고학」 49(2006).

윤종훈. "Puritan과 Anglican의 성경관에 관한 고찰: Thomas Cartwright &
　　Richard Hooker." 「총신대 논총」 27(2007).

윤종훈. "잉글랜드 청교도 장로교주의 기원에 관한 고찰." 「영국연구」
　　20(2008).

윤종훈. "존 오웬의 죄죽임론에 나타난 성화론의 은혜와 의무의 상관관계에
　　대한 개혁주의적 이해." 「개혁논총」 4(2006).

이경직. "조나단 에드워즈의 기독교 철학." 「기념논문집」 25(2001).

이문균. "조나단 에드워즈의 아름다움에 대한 이해와 그 목회적 함의."
　　「한국기독교신학논총」 65/1(2009).

이성호. "존 오웬과 부흥." 「갱신과 부흥」 2/1(2009).

이승구. "조직신학에서 본 청교도 사상." 「교회와문화」 12(2004).

이승진. "조나단 에드워즈의 설교 연구: 하나님의 영광을 추구하는 설교."
　　「복음과실천신학」 10(2005).

이양호. "조나단 에드워즈의 신앙론." 「신학논단」 39(2005).

이영효. "뉴잉글랜드의 가족문화와 신앙: 새뮤얼 씨월의 일기를 중심으로."
　　「미국학논집」 35/1(2003).

이재정. "회의에서 확신으로 『죄인 괴수에게 넘치는 은혜』에 나타난 존 번연의
　　성결." 「활천」 671(2009).

이종우. "밀턴의 투사삼손과 청교도적 계약의 역사적 의미." 「문학과종교」
　　5/2(2000).

임원택. "17세기 영국 청교도이 도덕법 논쟁." 「성곡논총」 35/1(2004).

임원택. "역사신학적 관점에서 본 장로교의 예배모범." 「장로교회와 신학」
　　2(2005).

임원택. "청교도와 칼빈주의." 「진리논단」 12(2006).

임원택. "청교도의 도덕법 이해." 「기념 논문집」 25(2001).

임희완. "영국 계약사상의 형성과정." 「총신대 논총」 265(2006).

장경철. "조나단 에드워즈의 종교와 사회적 비전." 「조직신학논총」 5/1(2000).

전준수. "존 번연이 호손에 미친 영향." 「영어영문학연구」 28/3(2002).

정경훈. "Cotton Mather's Imagination of New England." 「영미어문학」 71(2004).

조귀삼. "존 번연의 성화론 이해와 현대선교." 「성령과신학」 25(2009).

조명은. "J. Edwards의 설교에 나타난 「신학사상」." 「신학지평」. 15(2002).

조봉근. "청교도, 제임스 파커의 성령론." 「광신논단」 16(2007).

조신권. "에드먼드 스펜서와 그의 온건한 청교도주의." 「기독교와어문학」 1/1(2004).

조신권. "존 번연의 청교도적인 삶의 체험." 「밀턴과 근세영문학」 12/1(2002).

조진모. "솔로몬 스토다드의 복음적 열정과 오류." 「신학정론」 24/2(2006).

황기식. "청교도의 거룩한 삶의 신학적 기반." 「역사신학논총」 12(2006).

실천신학

강우성. "내파의 시학: 미국 청교도의 예형론과 알레고리." 「인문논총」 53(2005).

박영효. "청교도 복음전도에 대한 연구." 「복음과 실천신학」 4(2002).

박영효. "청교도 선교에 대한 고찰." 「복음과 선교」 3(2003).

박태현. "청교도 설교학: 성령과 말씀." 「진리와 학문의 세계」 13/3(2005).

서창원. "가정예배: 청교도의 가정 생활." 「상담과 선교」 36(2002).

황금봉. "청교도운동과 현대목회실천의 접목가능성 고찰." 「신학과 목회」 22(2004).

5) 2010s

역사/사상/문학

강미경. "제임스 1세의 청교도 정책." 「대구사학」 108(2012).

강수진. "청교도주의 연구의 사학사적 검토." 「대구사학」 100(2010).

강수진. "존 위스럽의 실각과 재집권으로 본 초기 미국 청교도 사회의
    갈등구조." 「역사학연구」 62(2016).

강수진. "존 위스럽의 실각과 재집권으로 본 초기 미국 청교도 사회의
    갈등구조." 「역사학연구」 62(2016).

김의훈. "청교도정신과 기독교적 휴머니즘." 「대학과복음」 17(2013).

김의훈. "청교도주의와 영국혁명의 연관성." 「대학과복음」 17(2013).

김이은. "유순한소년: 역사적인 맥락에서 본 청교도 공동체의 변화."
    「근대영미소설」 20/1(2013).

김주한. "퓨리터니즘과 유신론적 자연신학." 「신학연구」 70(2017).

김중락. "잉글랜드 혁명기 잉글랜드와 뉴잉글랜드 청교도의 교류." 「역사와
    담론」 66(2013).

김형길. "퓨리터니즘과 장세니즘의 비교연구." 「프랑스어문교육」 33(2010).

데이빗 사이츠마. "Puritan Critics of New Philosophy, ca.1660-1680."
    「갱신과 부흥」 21/1(2018).

박경수. "잉글랜드 종교개혁과 청교도의 탄생." 「기독교사상」 703 (2017).

박경수. "청교도, 그들은 누구인가?" 「기독교사상」 704(2017).

박정근. "『자에는 자로』에서 청교도주의를 통한 마키아벨리적 전략과 그
    한계." 「셰익스피어비평」 48/2(2012).

서창원. "청교도 운동 그리기와 한국의 개혁과 교회." 「신학지남」 321(2014).

안상혁. "뉴잉글랜드 청교도의 교회언약과 절반언약의 성격."
    「한국교회사학회지」 30(2011).

양경호. "1692년 세일럼 마녀재판을 통해서 본 17세기 뉴잉글랜드의
    종교문화." 「젠더와 문화」 8/2(2015).

양병현. "타락의 언술을 통해 본 이브의 청교도 이미지: 밀턴의 실낙원."
「밀턴과 근세영문학」 21/1(2011).
원종천. "대각성운동의 역사적 배경." 「역사신학논총」 20(2010).
윤종훈. "청교도의 직업 소명론에 관한 고찰." 「한국개혁신학」 56(2017).
이경화. "청교도 사회의 집단적 폭력성과 헤스터의 사회적 역할 연구."
「영어영문학연구」 44/1(2018).
장정윤. "초기 청교도 사회의 관용과 여성의 글쓰기." 「동서비교문학저널」
37(2016).
정태식. "청교도주의의 보편종교로서의 한계에 대한 역사사회학적 일고찰."
「현상과인식」 35/4(2011).
최재민. "청교도주의와 1642년 극장폐쇄령." 「밀턴과 근세영문학」 21/2(2011).

인물/신학

강미진. "조나단 에드워즈의 아르미니우스주의 비판." 「기독교 철학」 25(2018).
강웅산. "조나단 에드워즈의 칭의론의 방법론적 분석." 「성경과 신학」
66(2013).
권영섭. "조나단 에드워즈의 신앙감정론에 대한 고찰." 「한영연구논문」
7(2015).
권정은. "삽입시와 삽화를 통해 본 〈텬로력뎡〉의 정체성." 「고전문학 연구」
45(2014).
김수미,이병수. "조나단 에드워즈의 부흥과 선교에 대한 연구." 「갱신과 부흥」
15(2015).
김유준. "삼위일체 하나님의 속성과 동등성에 관한 에드워즈의 이해."
「한국기독교신학논총」 80/1(2012).
김유준. "아우구스티누스와 조나단 에드워즈의 삼위일체론 비교연구."
「한국교회사학회지」 37(2014).

김유준. "에드워즈의 성향 개념으로 본 민경배의 역사방법론."
　　「한국기독교신학논총」 102(2016).

김유준. "이양호 교수의 조나단 에드워즈 연구." 「신학연구」 68(2016).

김재성. "하이델베르크요리문답과 웨스트민스터 신앙고백서의 언약사상."
　　「한국개혁신학」 40(2013).

김재용, 이신열. "성령론을 통해 살펴본 몰트만과 에드워즈의 사랑 개념."
　　「성경과 고고학」 84(2015).

김주한. "조나단 에드워즈의 자연과학 이해." 「신학연구」 68(2016).

김지혁. "Jonathan Edwards's Use of Imagery and Typology for His
　　Affective Preaching." 「복음과 실천신학」 44(2017).

김지혁. "Jonathan Edwards의 마음의 감각과 그의 설교학적 미학."
　　「복음과 실천신학」 33(2014).

김창호. "조나단 에드워즈의 삼위일체론." 「신학지평」 24(2011).

김홍만. "청교도에 있어서 신학과 목회." 「국제신학」 13(2011).

김효남. "성화와의 관계성 측면에서 바라본 토마스 굿윈의 칭의론."
　　「한국개혁신학」 58(2018).

류연석. "개혁주의생명신학적 관점에서 본 토마스 왓슨의 십계명 이해."
　　「생명과 말씀」 10(2014).

문형진. "존 오웬의 '영적사고방식' 연구." 「선교와 신학」 43(2017).

박경수. "존 번연, 하늘 향한 순례자." 「기독교사상」 705(2017).

박광서. "존번연의 칭의론." 「생명과 말씀」 9(2014).

박성환. "사무엘 루터포드의 성찬설교: 슥13:7-9." 「교회와 문화」 30(2013).

박웅규. "Dialogue on Coversion bet. Jonathan Edwards and Charles
　　Finney." 「개혁논총」 16(2010).

박웅규. "조나단 에드워즈와 찰스 피니의 회심론 비교연구." 「개혁논총」
　　16(2010).

박웅규. "조나단 에드워즈의 가시적 성도개념과 노쓰햄프톤 교회에서의
　　목회사역." 「개혁논총」 46(2018).

박웅규. "조나단 에드워즈의 설교와 영적 대각성운동." 「ACTS신학과 설교」 13(2013).

박재은 "조나단 에드워즈의 속죄론." 「개혁논총」 33(2015).

박재은. "칭의의 6중 원인에 대한 알렉산더 꼼리와 존 칼빈의 연속성, 불연속성, 그리고 신학적 함의." 「갱신과 부흥」. 20/1(2017).

박정세. "게일의 텬로력뎡과 김준근의 풍속삽도." 「신학논단」 60(2010).

박정세. "번연의 천로역정 삽화와 그 변천." 「미술사문화비평」 3(2012).

박찬호. "조나단 에드워즈에게 있어서 천지창조의 목적." 「창조론 오픈포럼」 4/1(2010).

박철동. "참된 회심의 표지들에 대한 한 연구: 조나단 에드워즈." ACTS 「신학저널」 36(2018).

박태현. "21세기 한국교회를 위한 청교도 영성: 청교도 W. Perkins의 잘사는 법을 중심으로." 「복음과 실천신학」 41(2016).

박태현. "William Perkins의 설교론." 「복음과 실천신학」 32(2014).

박태현. "죽음에 대한 청교도 영성: W. Perkins의 죽음의 기술을 중심으로." 「복음과 실천신학」 44(2017).

박현신. "조나단 에드워즈의 설교분석을 통한 적용 패러다임 연구." 「개혁논총」 25(2013).

박희석. "The Ceremonial Law in the 4th Commandment to Calvin, Puritans and John Owen." *Chongshin Theological Journal* 18/1(2013).

서강식. "청교도의 죄책관 고찰." 「교육논총」 54/2(2017).

서요한. "영국 청교도와 웨스트민스터 총회 소고." 「신학지남」 232(2015).

서창원. "칼빈주의와 청교도 신앙." 「신학지남」 327(2016).

성경준. "John Cotton's Discrepancies: Theocracy and Individual Freedom." 「미국 소설」 18/3(2011).

손성지. "조나단 에드워즈의 시대와 구속사 함의." 「생명과 말씀」 20(2018).

송동민. "조나단 에드워즈와 C.S.루이스의 윤리사상에 관한 한 탐구." 「기독교 철학」 16(2013).

스페이커르, 빌름 판. "빌헬무스 아 브라컬(1)." 「갱신과 부흥」 13(2013).

스페이커르, 빌름 판. "빌헬무스 아 브라컬(2)." 「갱신과 부흥」 13(2014).

스페이커르, 빌름 판. "알렉산더 콤리와 성령의 인치심(1)." 「갱신과 부흥」
15(2015).

스페이커르, 빌름 판. "알렉산더 콤리와 성령의 인치심(2)." 「갱신과 부흥」
16(2015).

신미경. "조나단 에드워즈의 회심론." 「한영연구논문」 8(2016).

신성영. "김준근필 텬로력뎡 삽화 연구." 「동양학」 47(2010).

신성욱. "Jonathan Edwards의 설교에 나타난 로고스와 파토스 연구."
「복음과 실천신학」 35(2015).

신현호. "천로역정에 나타난 구원의 과정." 「영미연구」 39(2017).

안상혁. "뉴잉글랜드 청교도의 교회언약과 절반언약의 성격: 러더포드-
후커 논쟁." 「한국교회사학회지」 30(2011).

안상혁. "토마스 보스톤의 언약신학." 「한국개혁신학」 36(2012).

안상혁. "사무엘 러더포드와 토마스 후커의 언약신학." 「장로교회와 신학」
10(2013).

안상혁. "메키논-제렛 논쟁과 윌리엄 퍼킨스(1558-1602)의 언약신학,"
「신학정론」 31/2(2012): 225-264.

안상혁. "정교분리의 관점에서 조명한 사무엘 루더포드-토마스 후커의
17세기 교회론 논쟁." 「한국개혁신학」 47(2015).

안상혁. "존 프레스톤의 언약신학." 「신학정론」 30/1(2012).

안상혁. "타락전 언약의 주제들: 사무엘 루더포드의 생명언약." 「신학정론」
36/1(2018).

안주봉. "존 번연의 산문에 나타난 국가 이미지 연구." 「영국연구」 33(2015).

안주봉. "해석적 자아와 존 번연." 「역사신학논총」 24(2012).

양낙흥. "죄의 확실한 자각에 대한 조나단 에드워즈의 설교."
「헤르메네이아투데이」 56(2013).

오용섭. "텬로력뎡의 간행방식." 「서지학연구」 67(2016).

용환규. "Jonathan Edwards의 실천적 경건의 토대." 「복음과 실천신학」 31(2014).

용환규. "조나단에드워즈의 양심이해와 신앙감정." 「기독교철학」 14(2012).

우병훈. "데이빗 딕슨의 구속언약의 특징과 그 영향." 「개혁논총」 34(2015).

유재경. "영국 청교도 영성의 한국교회의 수용가능성에 대한 연구." 「신학과실천」 48(2016).

유정모. "17세기 화란의 자유의지론 논쟁에 대한 연구: 히스베르투스 푸치우스." 「한국개혁신학」 49(2016).

유정모. "존 볼의 언약신학에 대한 연구." 「개혁논총」 35(2015).

유태주. "청교도의 웨스트민스터신앙고백과 한국교회개혁." 「신학과 사회」 23/2(2010).

윤석임. "청교도 여성시인 앤 브랫스트릿의 여성 주체성 긍정." 「국제언어문학」 21(2010).

윤영휘. "조나단 에드워즈의 노예제에 대한 시각 고찰, 1730-1780." 「미국사 연구」 38(2013).

윤종훈. "William Perkins의 두 작품 분석을 통해서 본 이중예정론 고찰." 「총신대 논총」 37(2017).

윤종훈. "뉴잉글랜드 청교도들의 언약사상과 교회의 사회적 책임론의 상관관계 연구." 「성경과 신학」 56(2010).

윤종훈. "리차드 박스터의 보편속죄론에 관한 고찰." 「개혁논총」 31(2014).

윤종훈. "존 오웬의 개혁주의 기독론적 교회론 정체성 회복에 관한 고찰." 「성경고고학」 80(2014).

윤종훈. "존 오웬의 구원확신론에 관한 개혁주의적 고찰." 「성경과 신학」 86(2018).

윤종훈. "존 오웬의 칭의론에 관한 개혁주의적 고찰." 「성경과 신학」 72((2014).

이강학. "조나단 에드워즈의 영적분별." Torch Trinity Journal 17/1(2014).

이상웅. "웨스트민스터 신앙고백서의 종말론." 「한국개혁신학」 44(2014).

이상웅. "조나단 에드워즈의 영적 분별." 「진리와 학문의 세계」 24(2011).

이성호. "진리 안에서 그리고 자발성에 의한 하나됨: 존 오웬." 「성경과
      신학」 54(2010).

이신열. "조나단 에드워즈의 창조론에 나타난 만유재신론의 역할."
      「장로교회와 신학」 13(2017).

이영란. "J. Edwards의 윤리설교의 시각에서 바라본 한국교회 윤리설교의
      방향." 「설교한국」 2(2010).

이윤석. "조나단 에드워즈의 죄의 전가 교리 연구." 「한국개혁신학」
      58(2018).

이은선. "젠더-결혼-가족: 밀턴의 결혼, 이혼, 그리고 젠더."
      「한국교회사학회지」 38(2014).

이정환. "빼이뜨루스 판 마스트리흐트의 De Optima Concionandi
      Methodo에 대한 고찰: 조나단 에드워즈를 중심으로." 「갱신과
      부흥」 19(2017).

이진락. "조나단 에드워즈의 성화론." 「한국개혁신학」 29(2011).

이진락. "조나단 에드워즈의 신앙적 감정의 구조분석 및 참된 신앙과
      거짓된 신앙의 구별 문제." 「역사신학논총」 19(2010).

이진락. "조나단 에드워즈의 신학에 나타난 철학적 요소들."
      「한국개혁신학」 43(2014).

이진락. "조나단 에드워즈의 신학적 미학에 관한 연구." 「성경과 신학」
      72(2014).

이진락. "조나단 에드워즈의 영적인 감각과 영적인 지식." 「역사신학논총」
      20(2010).

이진락. "조나단 에드워즈의 자유의지론에 대한 개괄적 연구." 「개혁논총」
      40(2016).

이한상. "개혁파 청교도 신론의 역사적 신학적 맥락: 스티븐 차르녹"
      「역사신학논총」 20(2010).

이한상. "스티븐 차르녹의 신학에서 하나님의 거룩: 청교도 성화론."
      「역사신학논총」 19(2010).

이현승. "헤르만 비치우스의 믿음과 성령이해." 「갱신과 부흥」 20/1(2017).

이현승. "헤르만 비치우스의 신앙론 이해." 「한국개혁신학」 54(2017).

임원택, "한국교회와 청교도 설교," 「복음과 실천신학」 28(2013).

임원택. "John Flavel의 성경해석과 한국교회 설교." 「복음과 실천신학」 33(2014).

임창건. "미국초기식민지의 행위언약." 「미국학논집」 13(2011).

장경철. "The Puritan Eschatology." 「인문논총」 26(2013).

장성진. "리차드 십즈의 설교에 나타난 가시적 교회." 「생명과말씀」 11(2015).

장인식. "조나단 에드워즈의 종교적 정서와 나사니엘 호손의 블라이드데일 로맨스." 「문학과종교」 15/3(2010).

장종철. "존 번연의 영성과 비전." 기독교언어문학논집 15(2012).

정하태. "조나단 에드워즈의 구속사." 「갱신과 부흥」 12(2013).

조규통. "조나단 에드워즈의 부흥론." 「갱신과 부흥」 12(2013).

조한상, 심종혁. "이냐시오와 조나단 에드워즈의 영적식별 비교연구." 「신학과 실천」 46(2015).

조한상. "조나단 에드워즈의 신앙감정론에 나타난 영적분별." 「신학과 실천」 44(2015).

조현진. "17세기 뉴잉글랜드의 율법폐기논쟁이 제1차 대각성운동에 미친 영향: 조나단 에드워즈." 「한국개혁신학」 34(2012).

조현진. "18세기 뉴잉글랜드에서의 알미니안 논쟁: 조나단 에드워즈" 「개혁논총」 35(2015).

조현진. "18세기 뉴잉글랜드의 도덕철학 논쟁: 조나단 에드워즈." 「한국개혁신학」 44(2014).

조현진. "조나단 에드워즈의 모형론 연구." 「역사신학논총」 20(2010).

조현진. "조나단 에드워즈의 성령은사론." 「개혁논총」 41(2017).

조현진. "조나단 에드워즈의 성향적 구원론 연구." 「한국개혁신학」 30(2011).

조현진. "조나단 에드워즈의 원죄론 연구." 「한국개혁신학」 42(2014).

주영빈. "Jonathan Edwards and C.S. Lewis on Hell." 「역사신학논총」 32(2018).

최재헌. "천로역정의 알레고리와 해석." 「동서인문」 8(2017).

한병수. "도르트 신경의 유기론." 「장로교회와신학」 11(2014): 260-281.

한병수. "언약의 통일성: 칼빈과 러더포드 중심으로." 「개혁논총」 31(2014).

한병수. "윌리엄 트위스의 신학방법론: 작정의 순서와 예정의 대상에 관하여." 「한국개혁신학」 53(2017): 151-197.

한승용. "존 번연의 생애와 박해에 관한 기사." 「성경대로믿는사람들」 1(2014).

한유진. "개혁주의생명신학의 신학회복운동: 존 오우언(John Owen)의 교리문답을 중심으로." 「생명과 말씀」 9(2014).

허정윤. "조나단 에드워즈의 하나님의 천지창조 목적과 하나님의 영광." 「창조오픈포럼」 5/2(2011).

실천신학

김도훈. "청교도 대이주와 인디언 복음화의 상관관계 재해석." 「선교와 신학」 37(2015).

박태현. "설교실습을 위한 16세기 청교도 노르위치 설교연구회 규정 연구." 「신학지남」 326(2016).

박태현. "웨스트민스터 예배지침에 나타난 청교도 예배와 설교." 「갱신과 부흥」 14(2014).

박태현. "청중의 설교학: 효과적 설교 청취의 기술-청교도를 중심으로." 「한국개혁신학」 51(2016).

박태현. "설교비평을 통한 개혁주의 설교실습 교육에 관한 연구." 「개혁논총」 39(2016).

안경승. "성경적 목회적 돌봄을 위한 청교도의 자원." 복음과상담 23/1(2015).

안상혁. "17세기 뉴잉글랜드 청교도의 공예배순서와 신학." 「신학정론」
　　　30/2(2012).
임원택. "한국교회와 청교도 설교." 「복음과 실천신학」 28(2013).
정승원. "청교도와 한국 장로교회의 성찬 실행횟수에 대한 신학적 고찰."
　　　「성경과 신학」 63(2012).
주도홍. "청교도의 설교이해: 퍼킨스와 에임스." 「성경과 신학」 67(2013).
최대해. "주홍글자: 청교도 공동체의 이중성." 「신영어영문학」 55(2013).

(3) 박사학위논문: "청교도" 1950-2018년

역사/사상

강미경. "제임스 6세 겸 1세의 종교정책." Ph.D. 경북대, 2013.

김이은. "호손의 청교도 공동체 형상화와 비판적 역사의식." Ph.D. 서울대, 2013.

김재수. "주홍글씨에 나타난 청교주의를 통하여 본 죄의 연구." Ph.D. 조선대, 1981.

김형근. "존 윈스롭의 청교도주의적 비전과 미국 정신." Ph.D. 경희대, 2009.

배광식. "장로교 정치원리와 치리제도 형성에 관한 역사적 연구." Ph.D. 계명대, 2005.

이근행. "청교도 사상의 역사적 발전에 관한 연구." Ph.D. 호서대, 2013.

이승영. "청교도혁명기의 수평파에 관한 연구." Ph.D. 부산대, 1988.

정성은. "텬로력뎡 삽도의 시각이미지 연구." Ph.D. 성균관대, 2013.

주연종. "영국혁명과 올리버 크롬웰의 상관성 고찰." Ph.D. 총신대, 2010.

최현빈. "막스베버가 본 자본주의 발전과 노동윤리." Ph.D. 숭실대, 2011.

인물/신학

강성일. "Nathanniel Hawthorne의 작품에 나타난 원죄의식과 그 유형에 관한 연구." Ph.D. 명지대, 1998.

강현선. "존 오웬의 정서 이해." Ph.D. 백석대, 2012.

강희권. "조나단 에드워즈의 구속사 설교를 통한 역사 해석 연구." Ph.D. 웨스트민스터대학원대학교, 2016.

곽인섭. "기도에 대한 윌리엄 퍼킨스의 이해." Ph.D. 백석대, 2016.

김선기. "천로역정에 나타난 존 번연의 성서적 메시지." Ph.D. 숭실대, 1987.

김성광. "조나단 에드워즈의 도덕정치론." Ph.D. 한국외대, 2011.

김성광. "조나단 에드워즈의 영성신학." Ph.D. 연세대, 2001.

김성기. "조나단 에드워즈의 성화론." Ph.D. 계명대, 2014.

김영수. "로버트 볼톤의 영혼치유 신학과 상담연구." Ph.D. 국제신대, 2014.

김유준. "조나단 에드워즈의 삼위일체론 연구." Ph.D. 연세대, 2008.

김윤희. "중생의 경험에 근거한 성화: 존 오웬의 신학과 교리문답을 중심으로." Ph.D. 계명대, 2017.

김종탁. "개혁주의 신학에 있어서 구원순서에 대한 연구." Ph.D. 계명대, 2011.

김재수. "주홍글씨에 나타난 청교주의를 통해 본 죄의 연구." Ph.D. 숭실대, 1981.

노병기. "조나단 에드워즈의 중생론." Ph.D. 연세대, 2003.

류연석. "그리스도인 성화의 지침으로서 십계명 이해: 윌리엄 에임스, 사무엘 러더포드, 토마스 왓슨." Ph.D. 백석대, 2016.

문정식. "존 칼빈과 윌리암 퍼킨스의 언약사상." Ph.D. ACTS, 2014.

박광서. "존 번연의 성화론 연구." Ph.D. 백석대, 2012.

박균상. "개혁주의 신학에서의 칭의교리 연구: 마르틴 부처와 조나단 에드워즈를 중심으로." Ph.D. ACTS, 2017.

박단열. "리차드 백스터의 청교도 생활관과 초기 한국교회의 생활관 비교연구." Ph.D. 총신대, 2016.

박대남. "존 오웬의 성령론 연구." Ph.D. 총신대, 2005.

박홍규. "John Bunyan의 생애와 신학사상에 나타난 침례교적 특성." Ph.D. 침신대, 1993.

변길용. "청교도신조를 통하여 본 초기 회중교회주의: 1582년부터 1648년까지." Ph.D. ACTS, 2000.

송희준. "조나단 에드워즈의 종교적 양심에 관한 연구." Ph.D. 평택대피어선신학전문대학원, 2015.

신원균. "스코틀랜드 신앙고백서와 웨스트민스터신앙고백서의 교회론적 구조와 언약신학적 특징에 관한연구." Ph.D.칼빈대, 2010.

신현규. "리처드 백스터의 경건훈련에 관한 연구." Ph.D. 한영신대, 2005.

안영혁. "개혁교회 영성신학으로서 코매니우스 영성 사상의 실천적 해석." Ph.D. 총신대, 2004.

안재홍. "조나단 에드워즈에게 나타난 청교도 실천적 경건 전통의 수용과 발전." Ph.D. 장신대, 2015.

안주봉. "존 번연의 생애와 사상." Ph.D. 고려대, 2009.

오동균. "리차드 후커의 신학사상에서 교회의 공공성 문제." Ph.D. 성공회대, 2008.

이상웅. "조나단 에드워즈의 성령론." Ph.D. 총신대, 2009.

이운석. "그리스도와의 연합 관점으로 본 조나단 에드워즈의 성화론." Ph.D. 총신대, 2017.

이중삼. "한국교회의 목회자에 관한 기독교 윤리학적 연구: J. Edwards의 덕 윤리를 중심으로." Ph.D. 장신대, 2008.

이진락. "조나단 에드워즈의 신앙적 정서 연구." Ph.D. 총신대, 2009.

이진행. "조셉 얼라인과 로잔 언약 회심론 비교연구." Ph.D. 총신대, 2015.

이현승. "헤르만 비치우스의 신론 연구." Ph.D. 백석대, 2016.

장현민. "약속과 보존: 존 오웬의 모세 언약론 연구." Ph.D. ACTS, 2014.

정도열. "언약의 통일성과 다양성: 개혁주의 언약신학과 웨스트민스터 신앙고백서 언약사상 연구." Ph.D. 국제신대, 2014.

정요석. "삼위일체 관점에서 본 조나단 에드워즈의 언약론." Ph.D. 백석대, 2011.

조주희. "어거스틴, 칼빈과의 비교를 통한 조나단 에드워즈의 구속사적 성경해석에 관한 연구." Ph.D. ACTS, 2015.

조한덕. "조나단 에드워즈의 '하나님의 영광'의 관한 설교 연구." Ph.D. 서울기독대, 2011.

최쌍형. "나다니엘 호손의 소설에 나타난 구원관과 청교도주의." Ph.D. 경상대, 2006.

하진상. "요한 칼빈과 조나단 에드워즈의 칭의론 비교연구." Ph.D. 백석대, 2012.

한유진. "웨스트민스터 표준서 이전의 청교도 교리문답신학 연구." Ph.D.
  백석대, 2016.
홍봉근. "조나단 에드워즈의 찾고 구하는 설교연구를 통한 현대적 적용." Ph.D.
  총신대, 2015.
홍성달. "청교도 신학에 나타난 성령의 사역과 북한선교." Ph.D. 국제신대,
  2015.
황기식. "청교도의 거룩한 삶의 실천." Ph..D. 평택대, 2005.

실천신학

박희문. "한국 재림교인들의 청교도적 유산에 대한 인식도 조사연구." Ph.D.
  삼육대, 2016.
유갑준. "한국교회 설교자들의 영성 모델 개발을 위한 연구 : 청교도 · 한국교회
  설교자 · 토착 영성가들의 영성을 중심으로." Ph.D. 한일장신대, 2012.
이양호. "청교도 문학작품의 선교활용 가능성: 존 밀턴, 존 번연, 존 엘리엇."
  Ph.D. 국제신대, 2014.